_____ 님께

데일카네기코리아 지음

Like Carnegie Diary Book

1년 365일, 나를 보고 싶게 만드는 비결

아텐북

서 문
카네기처럼!
행복한 인간관계를 위한 1년 프로젝트

매년 새해가 되면 사람들은 목표를 세웁니다. 일과 사업에 대한 목표는 물론, 개인적으로도 재테크, 건강관리, 여행이나 취미생활 등 다양한 영역에서 목표를 세웁니다. 무언가 뜻대로 되지 않을 때에도 목표를 세웁니다. 다시 한 번 도전해보리라 다짐을 합니다. 남들이 성공했다는 이야기를 들을 때에도 목표를 세웁니다. 나도 저렇게 해야지 하며 결심을 합니다. 그리고 남들이 목표를 세우면 따라서 목표를 세우기도 합니다.

목표는 필요합니다. 목표를 세우면 장점도 많습니다. 하지만 모든 목표가 다 좋은 것은 아닙니다. 단지 부와 성공을 위한 목표, 욕망을 채우기 위한 목표, 단순히 남들과 경쟁하기 위한 목표보다는 보다 가치 있는 목표를 세울 수 있으면 좋겠습니다.

저희는 컨설턴트로서 수많은 사람들을 만나 카네기 교육훈련을 진행하면서 깨달은 것이 하나 있습니다. 사람들이 가장 고민하고 중요하게 생각하는 것, 그리고 우리를 행복하게도 만들고 불행하게도 만드는 가장 중요한 문제는 바로 사람 사이의 일, 다시 말해 '인간관계'라는 사실입니다.

그러나 오늘날 우리의 다이어리에 새겨져 있는 대부분의 목표는 오늘 할 일, 이번 주에 할 일, 이번 달에 할 일 등, 온통 '일' 중심입니다. 물론 목표한 일의 성취는 많은 긍정적인 결과를 우리에게 가져다줍니다. 그러나 얻는 만큼 잃는 것들도 많습니다. 그리고 잃는 것들 중에는 꼭 '사람'이 포함되어 있지요. 그래서 이번 한 해만큼은 일이 아닌 사람을 돌아보는 것은 어떨까요? 이 책은 그것을 위해 쓰였습니다. 이 다이어리북을 통해 우리는 일보다는 사람에 관한 목표를 세울 수 있을 것입니다. 매달 그 달의 테마에 관한 글을 읽고, 워크시트를 통해 실천할 수 있도록 구성하였습니다. 이 책과 함께 생각하고, 쓰고, 말하고, 실천하는 동안 자연스럽게 카네기의 원칙이 삶에 적용되어 변화를 일으키는 경험을 하게 될 것입니다.

목표는 방향입니다. 미래는 열려 있고 미리 가볼 수 없기 때문에 그 도착점은 누구도 장담할 수 없습니다. 하지만 적어도 우리는 방향을 정할 수는 있습니다. 방향이 없으면 방황합니다. 방향이 생기면 변화합니다. 방향 없이 집을 나가면 가출이지만 방향이 있으면 출가입니다. 이렇듯 방향은 우리 삶의 여정에 의미를 부여해줍니다.

저희 《Like Carnegie Diary Book》과 함께 한 해의 방향을 '사람'으로 한번 정해보는 것은 어떨까요? 친밀하고 우호적인 사람이 되는 것, 타인의 열렬한 협력을 얻을 수 있는 사람이 되는 것, 그리고 영향력과 리더십을 발휘하는 사람이 되는 것, 그것에 우리의 방향을 두고 이 책과 함께 열심히 한 해를 달려가보는 것입니다.

데일 카네기는 《카네기 인간관계론》을 통해 전 세계 수많은 사람들에게 사람 사이의 관계에 대한 통찰과 영감을 주었습니다. 그리고 그가 창시한 데일 카네기 코스는 100년 이상이 지난 오늘날에도 전 세계 90여 개국의 수많은 기업과 개인들에게 인간관계와 소통, 그리고 리더십에 관한 성장과 변화를 제공하고 있습니다. 이 책은 인간관계론을 실천하여 체득하기를 원하는 분들께, 그리고 카네기 코스가 제공하는 인간관계 증진의 경험을 직접 느껴보고 싶은 분들께 친절한 동반자가 되어줄 것입니다.

아무쪼록 이 다이어리북을 읽고 실천하는 독자 여러분 모두가 '인간관계의 신'으로 거듭나길 진심으로 기원합니다.

데일카네기코리아 컨설턴트를 대표하여
홍헌영

contents

서문
카네기처럼! 행복한 인간관계를 위한 1년 프로젝트

첫째 달
관계를 끝내는 가장 빠르고 손쉬운 방법?
절대로 비난, 비판, 불평을 하지 말라

둘째 달
사람을 움직이는 단 하나의 말
백만장자의 방식, 칭찬은 열심! 질책은 질색!

셋째 달
가장 헛되이 보내는 하루
거울은 절대 먼저 웃지 않는다

넷째 달
나를 보고 싶게 만드는 비결
상대의 관심사에 집중하는 대화의 힘

다섯째 달
세상에서 가장 달콤한 단어
이름을 잊으면 자신 또한 잊는다

여섯째 달
어디서든 환영받는 사람이 되는 법
진심이 아닌 관심은 차라리 버려라

일곱째 달
대화의 신이 되는 가장 쉬운 방법
백 마디 말보다 한 번의 경청을

여덟째 달
해결해줄 수 없는 문제 앞에서
진정한 위로는 함께 있어주는 것

아홉째 달
부정적인 메시지를 전해야 할 때
다름을 인정할 때 숨어 있던 해법이 모습을 드러낸다

열째 달
영향력 키우는 법
진심 어린 부탁은 언제나 아름답다

열한째 달
하버드 비즈니스스쿨의 조언
타인의 시각으로 나를 바라보는 지혜

열두째 달
나를 명예롭게 만드는 방법
나를 만들어준 모든 것들에게 감사를!

데일 카네기의 인간관계 원칙 30

1. 인간관계 원칙
인간관계를 강화하고 신뢰를 구축하라

1. 비난이나 비판, 불평을 하지 말라.
2. 솔직하고 진지하게 칭찬과 감사를 하라.
3. 다른 사람들의 열렬한 욕구를 불러일으켜라.
4. 다른 사람들에게 순수한 관심을 기울여라.
5. 미소를 지어라.
6. 이름을 잘 기억하라. 당사자들에게는 이름이 그 어떤 것보다도 기분 좋고 중요한 말임을 명심하라.
7. 경청하라. 자신에 대해 말하도록 다른 사람들을 고무시켜라.
8. 상대방의 관심사에 대해 이야기하라.
9. 상대방으로 하여금 중요하다는 느낌이 들게 하라. 단, 성실한 태도로 해야 한다.

2. 타인의 열렬한 협력을 창출하는 원칙
자신의 의도대로 사람들을 설득하는 법

10. 논쟁에서 최선의 결과를 얻을 수 있는 유일한 방법은 그것을 피하는 것이다.
11. 상대방의 견해를 존중하라. 결코 "당신이 틀렸다"고 말하지 말라.
12. 잘못했으면 즉시 분명한 태도로 그것을 인정하라.
13. 우호적인 태도로 말을 시작하라.
14. 상대방이 당신의 말에 즉각 "네"라고 대답하게 하라.
15. 상대방으로 하여금 많은 이야기를 하게 하라.
16. 상대방으로 하여금 그 아이디어가 바로 자신의 것이라고 느끼게 하라.
17. 상대방의 관점에서 사물을 볼 수 있도록 성실히 노력하라.

18. 상대방의 생각이나 욕구에 공감하라.
19. 보다 고매한 동기에 호소하라.
20. 당신의 생각을 극적으로 표현하라.
21. 도전 의욕을 불러일으켜라.

3. 리더가 되라
태도와 행동을 변화시켜라

22. 칭찬과 감사의 말로 시작하라.
23. 잘못을 간접적으로 알게 하라.
24. 상대방을 비평하기 전에 자신의 잘못을 인정하라.
25. 직접적으로 명령하지 말고 요청하라.
26. 상대방의 체면을 세워주라.
27. 아주 작은 진전에도 칭찬을 아끼지 마라. 또한 진전이 있을 때마다 칭찬하라. "동의는 진심으로, 칭찬은 아낌없이 하라."
28. 상대방에게 훌륭한 명성을 부여하라.
29. 격려하라. 잘못은 쉽게 고칠 수 있다고 느끼게 하라.
30. 당신이 제안하는 것을 상대방이 기꺼이 하도록 만들어라.

LIKE CARNEGIE

1

첫째 달

관계를 끝내는 가장 빠르고 손쉬운 방법?

Dale Carnegie

첫째 달
관계를 끝내는 가장 빠르고 손쉬운 방법?

절대로 비난, 비판, 불평을 하지 말라

전 세계적인 베스트셀러인 《카네기 인간관계론》의 첫 장은 한 살인자의 이야기로 시작합니다. 놀랍지 않습니까? 지난 한 세기 동안 인간관계의 황금률로 여겨진 고전의 첫 장이 훌륭한 성인의 예가 아닌 수많은 사람을 죽인 잔혹무도한 살인마의 이야기로 시작한다는 것. 카네기가 집중한 것은 다름 아닌 인간의 방어적 본성입니다. 잘못이 명백한 살인마조차도 집안 탓, 환경 탓, 사회 탓을 하며 자신의 잘못을 방어하기에 급급한데 하물며 일반적인 사람들은 오죽하겠냐는 것입니다. 비난으로는 결코 잘못을 뉘우치게 만들 수 없습니다.

상대방을 비난하고 싶은 것은 인간의 본성일지도 모릅니다. 남의 눈의 티는 보면서 내 눈의 들보는 보지 못한다는 식의 속담이나 격언은 어느 나라에나 있습니다. 마찬가지로 비난을 싫어하는 것도 인간의 본성일 것입니다. 카네기는 일찍이 이러한 진실을 깨달았습니다. 그는 확신을 가지고 선언합니다. "비난으로는 사람을 바꿀 수 없다!"

물론 이 말이 상대방의 잘못이 뻔히 보이는데도 모른 척 넘어가라, 그저 좋은 게 좋은 것 아니냐는 식의 현실 타협적인 자세를 가르치는 것은 아닙니다. 다만 잘못을 지적하는 목적을 생각해야 한다는 것입니다. 잘못을 지적하고 비난하는 목적이 무엇일까요? 그저 내 상한 감정을 푸는 것이 목적이라면 그 비난은 정말 폭력에 지나지 않을 것입니다. 또한 진심으로 상대방을 바꾸는 것이 목적이라면 아이러니하게도 비난은 가장 나쁜 방법에 속합니다. 사실 거의 소용이 없다고 보는 게 맞습니다. 진심으로 상대방의 잘못을 바로잡기 위해서 비난을 하는 것이라면, 이는 정말로 목적을 이룰 수 없는 수단을 사용하고 있는 것입니다. 아주 섬세한 고급 액세서리의 흠집을 다듬으려고 망치로 그것을 부수는 격입니다.

> **진심으로 상대방을 바꾸는 것이 목적이라면 아이러니하게도
> 비난은 가장 나쁜 방법에 속합니다.
> 사실 거의 소용이 없다고 보는 게 맞습니다.**

사람을 바꿀 수 있는 것은 비난이 아니라 신뢰입니다. 신뢰가 충분히 쌓여 있다면 진심 어린 조언도 가능합니다. 하지만 우리는 자주 착각합니다. 생각보다 서로의 신뢰는 비난을 감당할 수준에 미치지 못하는 경우가 대부분입니다.

신뢰는 마치 은행잔고와 같습니다. 순수한 관심과, 속 깊은 대화, 돕기 위한 노력 등으로 신뢰잔고는 조금씩 쌓이게 됩니다. 하지만 비난은 한 번에 거액을 인출해서 탕진하는 것과 마찬가지입니다. 비난으로 신뢰잔고를 인출할 때마다 그 통장은 점점 큰 마이너스를 기록하게 됩니다. 결국 관계가 끝나는 것이지요. 한 번에 쌓을 수 있는 신뢰 금액은 크지 않은 반면 비난 인출은 사소한 것이라도 그 액수가 생각보다 크기 때문입니다. 따라서 우리는 두 번 세 번 생각해야 합니다. 상대방의 잘못을 지적하기에 앞서 '우리의 신뢰잔고가 얼마나 남아 있을까?' '비난 인출을 해도 신뢰잔고가 여전히 남아 있을까?' '그렇지 않다면 지금 필요한 것은 잘못을 지적하는 것이 아니라 신뢰를 더 쌓기 위해 노력해야 하는 것이 아닐까?' 이렇게 진지한 질문을 하는 것이 필요합니다.

19세기 영국의 시인 월터 스콧은 이렇게 탄식했습니다.

"오! 아무렇게나 쏘아진 저 많은 화살들. 목표에 맞는 것은 하나도 없구나. 아무렇게나 내뱉어진 저 말들. 이미 깨어진 마음을 달랠 수도, 상처를 줄 수도 있구나."

비난보다 신뢰가 먼저입니다. 섣부른 비난으로는 타인을 바꿀 수 없다는 겸손함이 필요합니다. 그러나 그것이 우리가 아무것도 할 수 없다는 뜻은 아닙니다. 차곡차곡 신뢰잔고를 늘려가다 보면 어느새 나에게 영향력이라는 이자가 따라붙을 것입니다. 우리 그때까지만 비난 인출을 늦추는 것은 어떨까요?

비난하고 싶을 때 딱 5분만!

나를 화나게 하는 사람들, 상황들을 만나면 비난하고 싶은 마음이 들게 마련입니다.
이럴 때에는 조용한 시간과 장소를 택합니다.
그리고 잠깐 다음 질문들에 정직하게 답변해보세요.

☺

내가 비난하고 싶은 사람은 누구인가요?
그 사람에게 어떤 말을 해주고 싶나요?

✎ 그 사람의 이름

✎ 내가 하고 싶은 말

앞에서 적은 말을 상대방에게 하면 상대방은 어떤 반응을 보일까요?
비난을 통해서 내가 얻을 수 있는 것은 무엇입니까?

✎ 예상되는 상대방의 반응은?

✎ 내가 얻는 것은 무엇인가요?

비난으로는 절대 상대방을 바꿀 수 없습니다!

월

✎

**이달에 신뢰잔고를
더 쌓아야 할 사람들**

-
-
-
-
-
-

Sunday	Monday	Tuesday

월

Wednesday	Thursday	Friday	Saturday

젊은 시절 눈치 없기로 유명했던 벤저민 프랭클린은 후에 외교적 수완과
노련한 인간관계 기술로 프랑스 주재 미국 대사에까지 오르게 되었다.
그가 성공할 수 있었던 비결은 무엇이었을까? 그는 "나는 험담을 하지 않는다.
대신 내가 아는 사람 모두를 칭찬한다"라고 했다.
비난, 질책, 불평은 바보도 할 수 있는 일이고,
실제로 바보들 대부분이 그렇게 하고 있다.
그러나 타인을 이해하고 용서하기 위해서는
비범한 인격과 자제력을 갖추고 있어야 한다.
남을 비난하기에 앞서 그들을 이해하려고 노력해보자.
그런 행동을 한 이유가 무엇인지 헤아려보는 수고를 아끼지 말자.
무턱대고 비난하는 것보다는 훨씬 유익하고 흥미로운 일이기 때문이다.
더불어 공감 능력과 인내심, 친절한 마음씨까지 기를 수 있다.
"모든 걸 알면 모든 걸 용서할 수 있다"는 말도 있지 않은가?
존슨 박사는 "하나님도 인간이 죽은 뒤에야 심판하십니다"라고 했다.
하물며 인간인 우리는 어떨까?*

* 《카네기 인간관계론》 중에서

남을 비난하는 것은 위험한 불꽃이다.
그 불꽃은 자존심이라는 화약고에 폭발을 유발하기 쉽다.
이 폭발은 가끔 사람의 생명까지 빼앗아간다.
데일 카네기

오! 아무렇게나 쏘아진 저 많은 화살들. 목표에 맞는 것은 하나도 없구나.
아무렇게나 내뱉어진 저 말들. 이미 깨어진 마음을 달랠 수도, 상처를 줄 수도 있구나.
월터 스콧

당나귀는 긴 귀로, 어리석은 자는 긴 혀로 구별할 수 있다.
유대 격언

남을 헐뜯는 사람에게 큰일을 맡기지 마라.
《관자》

성냄은 항상 어리석음에서 시작하여 회환으로 끝난다.
피타고라스

2

둘째 달

사람을 움직이는 단 하나의 말

Dale Carnegie

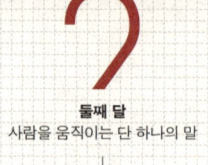

둘째 달
사람을 움직이는 단 하나의 말

백만장자의 방식, 칭찬은 열심!질책은 질색!

지난 한 달간 우리가 들었던 칭찬의 말을 떠올려봅시다. 혹은 우리가 다른 사람에게 했던 칭찬의 말에는 어떤 것이 있었나요? 아마도 '수고했어' '잘했어' '역시 자네뿐이야' '인상이 좋으시네요' 같은 말들이 있을 것입니다. 그 외에 어떤 말들이 있나요? 생각나는 대로 적어봐도 좋을 것 같습니다.

자, 그럼 가만히 생각해보기 바랍니다. 우리가 하는 칭찬의 말은 정확히 무엇을 칭찬하는 것일까요? 직장생활에서 흔히 주고받는 '잘했어' '수고했어' 같은 말은 무엇을 칭찬하는 것일까요? 그 사람을 칭찬하는 것인가요? 아니면 그 사람이 한 일을 칭찬하는 것인가요?

우리가 주고받는 칭찬의 말들은 대개 그 사람 자체에 대한 것이 아니라는 사실을 알고 계신가요? 이것은 아주 중요한 통찰입니다. 일상적으로 우리는 그 사람 자체보다는 그의 소유물을 칭찬하는 경우가 많습니다. 새로 산 옷이 잘 어울린다거나, 남들이 못 가진 것을 가지고 있는 것에 대한 부러움의 말 등이 그 대표적인 경우입니다. 하지만 어디까지나 이것은 그 사람의 소유물일 뿐 그 사람 자체는 아닙니다.

또한 우리는 그 사람이 한 일을 칭찬하기도 합니다. 즉 성취나 결과에 대해서 인정하는 말을 하는 것입니다. '수고했어' '잘했어' 등이 여기에 해당합니다. 점수를 잘 받은 학생에게, 프로젝트를 잘 끝낸 직원에게, 계약을 수주한 영업사원에게 우리는 이와 같은 말을 해줍니다. 그러나 이것 역시 그 사람의 성취에 대한 칭찬이지 그 사람 자체에 대한 것은 아닙니다. 소유물에 대한 칭찬, 성취에 대한 칭찬 또한 사람을 기분 좋게 만들 수 있습니다. 이와 같은 칭찬도 하지 않는 것보다는 낫습니다. 하지만 그러한 칭찬은 그 사람 자체에게는 닿지 않습니다. 어디까지나 주변을 맴도는 칭찬입니다. 활쏘기로 비유하자면 우리가 날린 칭찬의 화살이 과녁의 중앙을 맞추지 못한 채 그 주변에만 꽂히고 있는 것입니다.

이러한 칭찬은 듣는 순간에는 기분이 좋을지 몰라도 시간이 지나면 공허해집니다. 나아가 부작용을 일으키기도 합니다. 시험 점수를 잘 받을 때만 부모에게 칭찬받는 아이는 다음 시험 점수에 대한 부담감에 부정행위를 하게 될 수도 있습니다. 자기 자신이 있는 그대로 받아들여지는 것이 아니라 자신의 점수가 인정받는 것뿐이라는 두려움과 공허감 때문입니다. 그럼에도 불구하고 우리는 칭찬과 인정에 약한 존재이고, 그 기대를 유지하려는 욕구 때문에 자칫 칭찬의 부작용이라는 덫에 빠질 수 있습니다. 수많은 인기스타들이 약물이나 자살 등으로 자신을 망가뜨리는 것은 어쩌면 이렇게 과녁을 빗나간 칭찬 때문인지도 모릅니다. 그런 이유 때문에 칭찬이 아무리 넘쳐나도 마음과 마음이 이어지는 진정한 소통은 여전히 멀어만 보입니다.

그렇다면 마음을 움직이고 생기를 불어넣고 사람과 사람 사이를 연결해주는 칭찬은 무엇일까요? 히딩크 감독이 박지성 선수에게 해주었던 칭찬의 말에서 그 힌트를 얻을 수 있습니다. 2002년 월드컵 본선 경기를 앞둔 어느 날 라커룸에서 경기를 준비하던 박지성 선수에게 히딩크 감독이 통역관을 데리고 와서 이런 말을 했다고 합니다.

"박지성 선수, 당신은 정신력이 훌륭하다. 그렇기 때문에 당신은 좋은 선수가 될 수 있을 것이다."

이 말은 박지성 선수가 골을 넣었다고 해준 칭찬이 아닙니다. 그 선수를 관심 있게 관찰한 감독이 애정과 사랑을 담아 그 사람의 본질적인 부분, 즉 성품에 관한 언급을 한 것입니다. 훗날 박지성 선수는 그날 히딩크 감독에게 들었던 '정신력이 훌륭하다'는 칭찬의 말이 어머니가 끓여주신 미역국보다도 더 맛있었다고 말합니다. 이러한 칭찬, 즉 사람의 본질에 대한 이야기, 무엇을 잘해서가 아닌 그 사람의 내면적 자질에 대한 언급은 세심한 관찰과 진실한 애정 없이는 불가능합니다. 오늘 우리는 어떤 칭찬을 주고받고 있나요? 섣불리 사람을 움직이기 위해 틀에 박히거나, 그 사람 자신이 아닌 다른 주변의 것만을 칭찬하고 있지는 않나요? SNS에 '좋아요' '멋있어요'가 넘쳐나는 이 시대에 정말로 필요한 것은 타인에게 영향력을 줄 수 있는 단 하나의 말, '진심 어린 인정과 아낌없는 칭찬'일지도 모릅니다.

칭찬할 점을 찾아라!

많은 사람들이 무엇을 칭찬해야 할지 모르겠다는 말을 자주 합니다.
하지만 조금만 주의를 기울이면 칭찬할 수 있는 많은 말들을 찾을 수 있습니다.
다음의 단어들은 강점으로 들 수 있는 성품을 표현한 대표적인 말들입니다.
우선 칭찬하고 싶은 한 사람을 떠올립니다.
아래에서 그 사람의 특징에 해당되는 말을 하나만 찾아보세요.

☺

성실한	열정적인	유연한	배려심 많은
정직한	신중한	창의적인	유쾌한
긍정적인	영감을 주는	분석적인	추진력 있는
소신 있는	사려 깊은	수용적인	체계적인
논리적인	감성이 풍부한	책임감 있는	전략적인
실행력 있는	집중력 있는	이해심 많은	생각이 깊은
신뢰할 수 있는	영리한	통찰력 있는	일관성 있는
미래지향적인	탐구심 있는	명확한	겸손한

한 단어를 선택했다면
그렇게 생각하는 이유나 근거, 경험을 떠올려보세요.

✎ 내가 선택한 단어

✎ 그렇게 생각하는 이유

이제 준비는 끝났습니다. 아래 문장을 완성한 후 그 사람에게 말해주기만 하면 됩니다.
메모나 문자 메시지, 이메일도 좋습니다. 중요한 것은 실천입니다.

_____ 님은 _____ 한 사람입니다.
제가 그렇게 생각하는 이유는 _____

_____ 입니다.

_____ 월

✎
**이달에 꼭 칭찬을
전하고 싶은 사람들**

-
-
-
-
-
-

Sunday	Monday	Tuesday

Wednesday	Thursday	Friday	Saturday

대장으로의 길 10가지

1. 사람의 장점을 처음부터 알려고 하지 말라.
   써봐야 비로서 그 장점이 나타나는 법이다.
2. 사람의 장점만 취하면 된다. 구태여 단점을 알 필요가 없다.
3. 내가 좋아한 것만 채용하지 말라.
4. 인재에게는 반드시 결점이 있다.
   결점이 없는 자는 인재라 말할 수 없다.
5. 작은 잘못은 탓하지 말라. 오직 일을 귀중히 하면 그걸로 족하다.
6. 기왕 쓸 바에는 그것을 완전히 맡겨라.
7. 윗자리에 있는 자, 아랫자리에 있는 자와 재치를 겨루지 말라.
8. 인재에게는 반드시 한 가지 괴벽이 있다.
   재주가 있기 때문이다. 그 괴벽을 버리지 말라.
9. 이렇게 사람을 쓰는 자는 일에 능하고 때에 따를 만한 인물이다.
10. 공은 남에게 돌리고, 책임은 자신이 져라.*

* 일본 에도 시대 대학자 오기후의 《수심서》 중에서, 《카네기 명언집》에서 재인용

_____

_____

_____

_____

_____

_____

마음으로부터 상대방의 장점을 인정하고 아낌없이 칭찬을 해주어야 한다.
그렇게 하면 상대방은 당신의 말을 일생 동안 마음에 품고서 마음을 위로하는 보물로 삼을 것이다. 당신이 까마득히 잊어버린 훨씬 후에도.
데일 카네기

남의 좋은 점을 발견할 줄 알아야 한다. 그리고 남을 칭찬할 줄도 알아야 한다.
그것은 남을 자기와 동등한 인격으로 생각한다는 의미를 갖는 것이다.

요한 볼프강 폰 괴테

나는 큰 소리로 칭찬하고 작은 소리로 비난한다.

러시아 격언

아름다운 일에 대해서 칭찬을 아끼지 않는다면 우리 자신은
그 아름다운 일에 참여하는 것이 된다. 그러나 아름다움에 일부러 눈을 가리고
구석의 조그만 흠만 보는 것은 우리의 마음을 어두운 곳으로 몰아가는 것이 된다.
프랑수아 드 라 로슈푸코

....
....
....
....
....

칭찬은 고래도 춤추게 한다.
켄 블랜차드

3

셋째 달

가장 헛되이 보내는 하루

Dale Carnegie

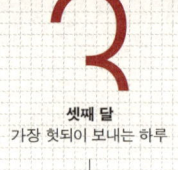

셋째 달
가장 헛되이 보내는 하루

거울은 절대 먼저 웃지 않는다

얼마 전 두 아이를 데리고 가족사진을 촬영하러 간 적이 있습니다. 단란한 모습의 가족사진을 찍기 위한 날인데 그날의 분위기는 전혀 그렇지 못했습니다. 예상보다 늦게 출발한데다 아이 둘은 늘 그렇듯이 울고불고 싸우고, 저는 조용하라고 화를 내고, 아내는 그런 저에게 "당신이 더 문제야!"라며 폭풍 비난을 퍼부었습니다. 이럴 때는 꼭 교통 체증까지 더해집니다. 스튜디오로 가는 차 안에서 우리 네 식구는 그야말로 전쟁을 치르고 있었습니다. 우여곡절 끝에 드디어 네 사람은 카메라 앞에 섰습니다. 사진사가 카메라를 들고 말합니다.
"하나, 둘, 셋, 웃으세요~!"
가장 큰 위기의 순간입니다. 웃을 수 없는데 웃어야 하는 것이지요. 우리는 카메라 앞에서 '씨익' 하며 어색한 미소를 지었습니다. 사진사는 으레 하는 멘트를 날립니다. "서로 싸우셨어요? 좀 다정하게 포즈도 취하고 웃으세요."
아……, 이 순간만큼은 사진사의 그 말이 상투적인 표현이 아닌 우리의 진실을 꿰뚫는 말이었습니다. 하지만 어쩌겠습니까? 사진은 찍어야 하니 웃어야죠. 그런데 이때 한 가지 놀라운 현상을 발견했습니다. 어색하지만 자꾸 웃고, 다정한 포즈를 취하고, 또 웃다 보니 나중에는 정말로 분위기가 훈훈해지는 것이었습니다. 촬영이 끝날 즈음에는 가식적인 미소가 아닌 정말 훈훈하고 다정한 가족의 웃음이 담긴 멋진 컷이 완성되었습니다.
'소문만복래笑門萬福來'라고들 하지요. 웃으면 복이 온다는 말입니다. 복이 있어서 웃는 것이 아니라 웃으면 복이 옵니다. 데일 카네기 역시 하버드 대학교 윌리엄 제임스 교수의 말을 통해서 우리에게 이렇게 충고합니다.
"미소를 지으세요. 우리는 때때로 감정의 지배를 받습니다. 하지만 더 중요한 것은 우리의 행동으로 감정을 따라오게 만들 수 있다는 것입니다."

많은 이들이 웃을 기분이 아닌데 어떻게 웃을 수 있느냐, 억지로 웃는 것은 가식이 아닌가 하면서 의문을 제기하기도 합니다. 물론 내가 얻을 이익 때문에 상대방에게 가식적인 웃음을 보이라는 것은 아닙니다. 그것은 위선입니다.
또한 도저히 웃을 수 없는 불행에 처한 사람에게 웃으라고 충고하고 강요하는 것도 올바른 위로의 방법이 아닙니다. 우리가 상대방의 밝은 모습을 보는 것이 좋아서, 내가 단지 상대방의 어두움을 보기 싫어서 그 사람에게 미소를 강요하는 것은 아닌지 돌아보아야 할 일입니다. 이런 경우에는 슬픔을 함께 나누고 진심 어린 공감을 표현하는 것이 맞을 것입니다.

그럼에도 불구하고 우리 일상의 매 순간마다 미소를 택하려는 노력을 포기하지 않는 것은 여전히 중요합니다. 개인적인 고민이 있을지언정 학생들에게는 따뜻한 미소를 보이려는 선생님의 노력, 상사에게 질책을 듣고도 팀원들에게 그 짜증을 표현하기보다는 오히려 밝은 표정을 보이려 애쓰는 팀리더의 여유, 고된 하루 일과를 마치고도 직장의 스트레스를 내보이기보다는 가족들에게는 웃는 모습을 보여야 하며 현관문을 들어서는 아버지의 다짐이 과연 가식과 위선이라고 할 수 있을까요? 아닙니다. **그것은 일상을 가치 있게 만드는 위대한 시도입니다.**

때때로 의도와 달리 단순히 미소 짓지 않는 것만으로도 상대방에게 불쾌감이나 경계심을 심어줄 수 있습니다. 직장에 출근해서 상사가 특별히 나쁜 말을 한 것도 아니고 불만을 표현한 것도 아닌데, 단지 미소 짓지 않았을 뿐인데도 상사의 눈치를 보게 될 때가 있습니다. 뭔가 기분이 나쁜 것은 아닐까, 나를 싫어하는 것은 아닐까, 하고 걱정하게 됩니다. 미소라는 작은 노력을 기울이지 않아서 관계에 손해를 보는 것은 어쩌면 어리석은 일입니다.

프랑스의 작가 샹 포르는 '**일상 속에서 가장 헛되게 보낸 날은 웃지 않았던 날이다**'라고 했습니다. 웃을 일이 없어서 헛되게 보낸 것이 아니라 웃으려고 노력조차 하지 못했다는 것이 그만큼 헛되고 불행한 상태라는 말입니다.

정말 힘들 때는 맘껏 울어도 좋습니다. 그러나 일상을 가치 있게 만드는 위대한 노력을 포기하지는 마세요. 미소가 데려오는 행복이라는 선물이 당신에게 주어질 것입니다.

미소 캘린더

미소는 습관입니다. 한 달간 미소 연습을 해봅니다.
의식적으로라도 누군가에게 미소 짓고 웃기 위해 노력한 날을 체크해봅니다.
미소로 가득 채운 날의 수만큼 우리 삶에 의미와 보람도 가득 찰 것입니다.

 미소를 지었는지 기억이 안나요

 미소를 지은 것 같긴 한데…

 많이 노력했어요

 만족스럽습니다

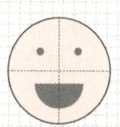 미소! 최고의 날

	월	화	수	목	금	토	일
1주							
2주							
3주							
4주							

한 달을 마무리하며 느낀 점

_____ 월

✐

**나의 따뜻한 미소가
필요한 사람들**

-
-
-
-
-
-

Sunday	Monday	Tuesday

Wednesday	Thursday	Friday	Saturday

크리스마스에 보내는 미소의 가치

미소는 아무런 대가를 치르지 않고서도 많은 것을 이루어냅니다.
미소는 받는 사람의 마음을 풍족하게 해주지만,
주는 사람의 마음을 가난하게 만들지는 않습니다.
미소는 순간적으로 일어나지만, 미소에 대한 기억은 때때로 영원히 지속됩니다.
미소 없이 살아갈 수 있을 만큼 부자인 사람은 없고,
그 혜택을 누리지 못할 만큼 가난한 사람도 없습니다.
미소는 가정의 행복을 만들어 내며 사업에서는
호의를 베풀게 하고, 우정의 표시로 나타나기도 합니다.
미소는 지친 사람에게는 안식이며 절망에 빠진 사람에게는 햇빛이고,
슬픈 사람에게는 태양이며, 또한 모든 문제에 대한 자연의 묘약이기도 합니다.
그러나 미소는 살 수도 없고 구걸할 수도 없으며, 빌리거나 훔칠 수도 없습니다.
왜냐하면 미소는 누구에게 주기 전에는 아무 쓸모가 없기 때문입니다.
그러므로 크리스마스 쇼핑의 막바지 혼잡 때문에 저희 판매원들 중
누군가가 너무 지친 나머지 미소를 보내 드리지 못하게 되면,
그들에게 당신의 미소를 보내주시지 않으시겠습니까?
왜냐하면 너무나 많은 미소를 준 나머지 더 이상 줄 수 있는
미소가 없는 이들이야말로 누구보다도 더 미소가 필요하기 때문입니다.*

* 뉴욕의 한 패션회사의 크리스마스 광고문, 《카네기 인간관계론》에서 재인용

만일 그가 여전히 웃을 수 있다면 그 사람은 가난하지 않다.
레이먼드 히치콕

웃음은 체면 때문에 희생되기에는 너무 비싸다.
퀸틸리언

밤낮으로 무서운 긴장 속에서 살아가면서 웃지도 않는다면 아마도 나는 죽고 말 것이다.
에이브러햄 링컨

우리는 행복하기 때문에 웃는 것이 아니라 웃기 때문에 행복한 것이다.
윌리엄 제임스

웃으며 보낸 시간은 신들과 함께 지낸 시간이다.
일본 속담

4

넷째 달

나를 보고 싶게 만드는 비결

Dale Carnegie

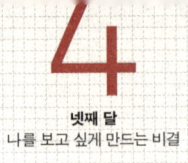

넷째 달
나를 보고 싶게 만드는 비결

상대의 관심사에 집중하는 대화의 힘

데일 카네기는 어린 시절 자신이 키우던 강아지 티피에서 인생의 중요한 교훈 하나를 깨닫습니다. 그가 보기에 강아지 티피는 생존을 위해서 일하지 않는 유일한 동물이었습니다. 닭은 알을 낳아야 하고, 소는 젖을 짜야 하는데 강아지는 오직 주인을 사랑하고 따르는 것만 한다는 것이죠. 그런데도 강아지는 주인의 사랑을 독차지합니다. 비결이 무엇일까요? 일을 해서 결과를 내지 않을 뿐만 아니라, 심리학 서적 한 권 읽었을 리가 없는 강아지가 어떻게 그렇게 사람의 마음을 잘 얻을 수 있을까요? 그것은 사람에게 관심을 쏟는 강아지의 본능 때문이라고 카네기는 설명합니다. 카네기는 관심과 관계를 다음과 같이 설명합니다. 실로 탁월한 통찰이라고 할 수 있습니다.

"2년 동안 다른 사람으로 하여금 당신에게 관심을 쏟도록 노력하는 것보다, 당신이 다른 사람에게 관심을 기울인다면, 두 달 안에 더 많은 친구를 사귀게 된다. 그러나 평생 동안 다른 사람이 자신에게 관심을 갖게 하기 위해 노력하는 사람들이 더 많다."

어디서나 환영받고 친구를 사귈 수 있는 비결은 바로 다른 사람에게 관심을 가지고 그것을 표현하는 것입니다. 그럼 관심을 표현한다는 것은 무엇일까요? 어려운 것이 아닙니다. 상대방이 관심을 가지는 것에 대하여 대화를 나누는 것입니다. 우리는 대화를 나눌 때 이런 고민거리를 자주 이야기합니다.

"무슨 말을 해야 할지 잘 모르겠어. 저 친구와 나는 공통의 관심사가 없어서 대화하기가 힘들어."

여기에는 두 가지 관점의 변화가 필요합니다. 이 두 가지만 바꾸면 누구나 능숙한 대화의 전문가가 될 수 있습니다.

첫째 '무슨 말을 해야 할까?'라는 질문을 '무슨 말을 들어야 할까?'로

바꾸는 것입니다. 대화에서 중요한 것은 말하는 것보다 듣는 태도입니다. **둘째 '공통의 관심사'로 대화하는 것이 아니라 '상대방의 관심사'로 대화를 나누는 것입니다. 즉 좋은 대화는 '상대방의 관심사를 듣는 것'** 이라고 요약할 수 있습니다. 상대방의 관심사를 듣는 것이 좋은 대화라는 관점만 가진다면 누구와도 쉽게 즐거운 대화를 나눌 수 있습니다. 그저 어떤 것을 좋아하는지, 무엇에 관심이 있는지 질문하고 그것에 대해서 이야기해달라고 하면 됩니다. 상대방은 쉴 새 없이 자신이 좋아하는 관심사에 대해 이야기하느라 시간 가는 줄 모를 것입니다.

여기서 한 가지만 더 생각해보겠습니다. 많은 사람들이 가장 관심을 많이 가지는 대상은 무엇일까요? 돈? 정치? 경제? 가족? 여러 가지가 있겠지만 아마도 바로 '자기 자신'일 것입니다. 사람은 자기 자신에 대해서 가장 많은 관심을 가집니다. 야유회를 가서 단체 사진을 찍는다면 아마 자신의 얼굴을 가장 먼저 찾을 것입니다. 그렇다면 우리의 대화 주제는 명확해집니다. 상대방이 가장 관심을 가지는 대상, 다시 말해 상대방 자신에 대해 관심을 가지고 물어보는 것입니다. 이름, 거주지, 고향 등 기본적인 것에서부터, 상대방의 가족, 일, 취미, 더 나아가 최근의 좋은 일과 어려운 일, 중요하게 여기는 것 등 그 사람 자체에까지 관심을 가진다면 우리가 들어야 할 이야기는 무궁무진해질 것입니다.

카네기는 루스벨트 대통령의 사례를 통해 이 같은 대화 기술의 중요성을 다시 한 번 강조합니다. 루스벨트 대통령은 박식하기로 유명했습니다. 그를 만나는 사람들은 그의 해박한 지식에 감탄하곤 했습니다. 그런데 그 비결은 아주 단순했습니다. 방문객이 찾아올 때마다 그 사람이 관심 있어 하는 주제를 알아내고 그것과 관련한 책을 한 권씩 읽는 것이었습니다. 리더들에게 가장 중요한 능력이 있다면 그건 바로 사람의 마음을 얻는 것입니다. 그 시작은 그 사람이 관심을 가지고 있는 주제를 가지고 대화를 나누는 것이라는 사실을 루스벨트 대통령은 너무나 잘 알고 있었던 것이지요.

이제 우리는 누구를 만나도 어떤 대화를 나눌지 걱정할 필요가 없습니다. 원칙은 간단합니다. 어떤 이야기를 들어볼까? 상대방은 어떤 사람일까? 그 사람의 관심사는 무엇일까? 이러한 관점으로 대화를 나눈다면 마법 같은 결과를 얻을 수 있습니다. 바로 상대방이 자신의 관심사에 대해 신나게 이야기하는 동안 듣고만 있던 당신이 '대화의 신'으로 등극하는 것입니다.

풍성한 대화를 도와주는 6가지 질문 영역

대화에 필요한 준비물:
열린 마음, 경청하는 자세, 상대방에 대한 관심, 그리고 무엇보다 중요한 것은 좋은 질문들

다음은 상대방에게 관심을 표현하면서 신뢰를 쌓을 수 있는
6가지 영역의 질문들입니다. 사람들을 만나기 전 30초,
질문을 준비하는 습관은 그 만남을 풍성하게 만들어줄 겁니다.

1. 이름, 거주지 등 기본적인 정보들

- 이름이 좋네요. 어떤 의미가 있나요? 누가 지어주셨나요?
- 사시는 곳은 어디인가요? 그 지역에는 어떤 것이 유명한가요?
- 고향을 물어봐도 되나요? 어디서 자랐습니까?
-
-

2. 가족과 관련한 이야기

- 저는 아내와 아들과 살고 있습니다. 가족이 어떻게 되는지 여쭤봐도 되나요?
- 가족분들 자랑 좀 해주세요.
-
-

3. 일과 관련한 이야기

- 어떻게 그 전공 분야를 선택하게 되었습니까?
- 그 직업을 선택한 계기를 물어봐도 될까요?
- 어떻게 해서 지금 회사에서 일하게 되었습니까?
- 하시는 일에서 어려운 점은 없으신가요?
-
-

4. 취미와 관련한 이야기

- 취미는 무엇입니까?
- 어떻게 해서 그 취미를 갖게 되었습니까?
- 그 취미를 즐기면 가장 좋은 점이 무엇인가요?

-
-
-
-

5. 여행과 관련한 이야기

- 휴가 계획은 세우셨나요? 어떻게 보내실 예정이신가요?
- 가장 기억에 남는 여행지는 어디인가요?
- 추천해주실 만한 여행지가 있나요? 그 곳의 좋은 점은 무엇인가요?

-
-
-
-

6. 삶의 가치와 관련한 이야기

- 삶에서 큰 영향을 끼친 사람은 누구입니까?
- 과거로 돌아간다면 전과 다르게 하고 싶은 일이 있습니까?
- 이제까지의 삶을 돌아보았을 때, 인생의 전환점이 된 사건은 무엇인가요?
- 이제까지 말을 들어 보니 여러 가지 성과를 거두었는데, 다시 돌아보았을 때 가장 자랑스러운 일은 무엇입니까?
- 누군가가 인생의 조언을 구한다면, 어떤 말을 해주시겠습니까?

-
-
-
-

	Sunday	Monday	Tuesday

_____ 월

✏️
**열린 대화가
필요한 사람들**

-
-
-
-
-
-

Wednesday	Thursday	Friday	Saturday

> "자신의 이야기를 열중해서 들어주는 것과 같은
> 은근한 찬사에 저항하는 사람은 없다."
>
> 잭 우드포드, 《사랑의 이방인》

우리 삶에는 의미 있는 이야기가 많이 있습니다. 어린 시절의 추억,
무엇인가를 성취했던 기억, 힘든 일을 극복했던 경험, 또는 여행지에서 겪은
즐거운 에피소드 등, 삶은 무수히 많은 이야기들로 구성되어 있습니다.
사람들은 자신의 이야기를 돌아보며 웃음 짓기도 하고 눈물을 머금기도 합니다.
우리의 이야기가 우리 자신이기 때문이지요. 우리의 삶 속에 존재하는 보석 같은
이야기들이 더욱 빛을 발하게 하는 요소가 있습니다. 그것은 바로 청중입니다.
그 이야기를 듣고 열렬히 호응해주는 청중이 있을 때 비로소 이야기는 완성됩니다.
영화는 관객을 필요로 하고, 소설은 독자를 필요로 하는 것처럼 말이죠.
그 사람의 이야기에 관심을 가지고 듣는 것은 그래서 '은근한 찬사'가 되는 것입니다.
오늘 당신이 만나는 사람에게 어떤 이야기들이 숨겨져 있는지 관찰해보고
단 한 명의 열렬한 청중이 되어 보시지 않겠습니까?

이 지상에는 흥미롭지 않은 것이 없다. 오직 관심을 갖지 않는 사람만 있을 뿐이다.

G. K. 체스터튼

남이 당신에게 관심을 갖게 하고 싶거든, 당신의 눈과 귀를 닫지 말고 다른 사람에게 관심을 표시하라. 이 점을 이해하지 않는 한, 아무리 재간이 있고 능력이 있더라도 남과 사이좋게 지내기는 불가능하다.

로렌스 굴드

무관심 때문에 사람은 실제로 죽기 전에 이미 죽어버린다.
엘리 위젤

다른 사람에 대한 정직하고도 진실한 관심만이 당신에게 가장 강력한 설득력이 될 것이다.

시어도어 루빈

2년 동안 다른 사람의 관심을 끌려고 노력하는 것보다,
두 달 동안 다른 사람에게 진정한 관심을 기울임으로써 더 많은 친구를 사귈 수 있다.
데일 카네기

5

다섯째 달
세상에서 가장 달콤한 단어

Dale Carnegie

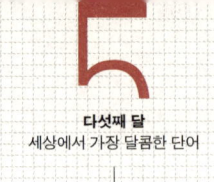

다섯째 달
세상에서 가장 달콤한 단어

이름을 잊으면 자신 또한 잊힌다

데일 카네기는 이름을 다음과 같이 정의했습니다.
"이름은 그 사람에게 있어 가장 중요하고 달콤한 소리이다."
당신이 세상에서 가장 좋아하는 소리는 무엇인가요? 우리는 어떤 소리를 들을 때 행복해질까요? 아기의 웃음소리, 맑은 냇물이 흐르는 소리, 아름다운 피아노 선율 소리……. 이렇게 우리를 행복하게 만드는 소리가 많이 있습니다. 만약 그중에서 으뜸을 꼽는다면 무엇일까요? 혹시 그것은 누군가가 다정하게 내 이름을 불러주는 소리가 아닐까요? 실제로 왁자지껄한 공간에 있더라도 어딘가에서 내 이름을 이야기하는 소리가 들리면 귀를 '쫑긋' 하게 되는 경험을 하게 됩니다. 이렇게 이름은 다른 모든 소리를 넘어 우리의 마음을 파고듭니다.
이름을 부르는 것은 이름을 기억하는 것에서부터 시작합니다.
루스벨트 대통령은 백악관의 정원사 한 명 한 명의 이름까지도 기억하고 불러주는 것으로 유명했습니다. 〈설국열차〉로 세계적인 거장이 된 봉준호 감독은 스태프 한 사람 한 사람, 심지어 단 하루만 촬영하고 떠나는 엑스트라들의 이름도 기억하고 지시사항이 있을 때는 꼭 그의 이름을 부르며 이야기한다고 합니다.
이렇게 중요한 이름이지만 많은 사람들이 이름을 기억하는 것이 어렵다고 합니다. 하지만 약간의 기술을 익히기만 한다면 이름을 기억하는 것이 그렇게 어렵지만은 않다는 것을 알게 됩니다.
새로운 습관은 작은 관심에서 출발합니다. 이번 한 달은 이름을 기억하고 부르는 방법을 익히고 열심히 실천해보는 것을 목표로 하면 어떨까요? 자신도 모르는 사이에 주변 사람들이 당신을 좋아하게 되는 멋진 경험을 하게 될지도 모릅니다.
이름을 잘 기억하기 위해서 각종 연상 기억법들을 활용해볼 수 있습니다. 실제

> **"**
> 왁자지껄한 공간에 있더라도 어딘가에서
> 내 이름을 이야기하는 소리가 들리면 귀를 '쫑긋' 하게 되는 경험을 하게 됩니다.
> 이렇게 이름은 다른 모든 소리를 넘어 우리의 마음을 파고듭니다.
> **"**

로 카네기는 이름을 잘 기억하는 법을 개발하고 그것으로 사람들을 훈련했습니다. 카네기의 방법을 통해 보다 이름을 잘 기억할 수 있게 되었고 일상생활에서도 득을 많이 봤다는 사람들은 정말로 많이 있습니다. 카네기는 《카네기 인간관계론》에서 이름과 관련한 짐 팔리Jim Farley의 일화를 소개하고 있습니다. 짐 팔리는 고등학교 문턱에도 가보지 못했지만 46세가 되기 전에 4개의 대학이 그에게 학위를 수여했고, 민주당 전국위원회 의장과 우정공사 총재가 된 인물로 프랭클린 D. 루스벨트를 백악관에 입성시키는 데 큰 역할을 한 정치인입니다. 다음은 그 내용입니다.

"나(카네기)는 언젠가 짐 팔리를 인터뷰한 자리에서 그의 성공비결을 물었다. 그는 '근면 성실'이라고 했다. 나는 '진지하게 말씀해달라'고 했다. 그러자 그는 내가 생각하는 그의 성공 비결이 무엇이냐고 되물었다. 나는 이렇게 대답했다.
'의장님께서 만 명의 이름을 모두 외우고 있기 때문이죠.'
'자네가 틀렸네. 만 명이 아니라 5만 명이네.'
내 말을 새겨듣길 바란다. 이름을 외우는 바로 그 능력 덕분에 팔리는 프랭클린 D. 루스벨트를 백악관에 입성시킬 수 있었다."
하지만 카네기는 다음과 같은 조언도 빼놓지 않습니다.
"이름을 기억하는 것은 이름 자체보다는 그 사람을 기억하고 싶어 하는 마음의 산물이다. 이름을 기억하는 것이 우리 자신이 아닌 다른 사람을 중요하게 생각하는 노력의 결과물이 되어야지, 그렇지 않으면 단지 기억력을 자랑하는 하나의 도구가 될 뿐이다."
기억하세요, 이름을 기억하기 위해 필요한 능력은 뛰어난 기억력이 아니라 순수한 관심이라는 사실을요.

이름 기억을 위한 4단계 실전 활용 Tip!

❶ 아래 빈 칸에 기억해야 할 이름을 정성스럽게 적습니다.
❷ 그 사람의 인상이나 특징을 간단하게 메모합니다.
❸ 그 사람의 이름으로 연상되는 단어를 떠올려보고 적습니다. 발음이 유사한 단어, 이름 삼행시, 비슷한 이름 등 연상할 수 있는 말을 찾아보세요
❹ 그 사람의 인상과 특징, 연상 단어를 떠올리며 반복해서 불러봅니다.

기억해야 할 이름	그 사람의 인상이나 특징	이름으로 연상되는 것
ex) 홍현영	스마트한 얼굴, 슬림한 체격	홍익인간, 헌신적이고 영감을 주는

기억해야 할 이름	그 사람의 인상이나 특징	이름으로 연상되는 것

_____
월

✎
**지난 달에 처음 이름을
알게 된 사람들**

-
-
-
-
-
-

Sunday	Monday	Tuesday
....	....	....
....	....	....
....	....	....
....	....	....
....	....	....

Wednesday	Thursday	Friday	Saturday

만약 당신이 역사적으로 소중한 유물을 가지고 있다고 생각해봅시다.
이것을 혼자 소장하기보다는 여러 사람들이 함께 볼 수 있도록
박물관에 기증을 할 수 있을 것입니다. 박물관에서는 기꺼이 보물을 기증해준
당신에게 큰 감사를 표할 것입니다. 하지만 어느 날 박물관에 다시 방문한 당신은
굉장히 불쾌한 기분을 느끼게 됩니다. 바로 유물 기증자의 명단에
당신의 이름이 빠져 있다는 것을 발견한 것입니다.
이것은 단순히 이름을 나타내는 글자 몇 자가 빠진 문제가 아닙니다.
어쩌면 영원히 남을 수도 있는 한 사람의 존재가 지워진 것입니다.
구조주의 언어학자인 소쉬르는 랑그와 파롤이라는 개념으로 언어를 설명합니다.
우리는 '사과'라는 글자를 보면 먹음직스러운 과일, 사과를
마음속에 떠올리게 됩니다. 이때 랑그는 '사과'라는 문자 그 자체이며,
파롤은 우리 마음속에 떠오른 '사과'라는 존재입니다.
영어로 apple이라는 랑그를 사용하더라도 마음속에 떠오르는
그 사과의 개념은 역시 '파롤'이라고 할 수 있지요. 복잡한 이야기 같지만
이름이 그처럼 중요한 이유가 바로 여기 있습니다. '아무개'라고 하는 우리의 이름은
몇 개의 음절로 되어 있는 '랑그'에 불과하지만
실상 그것이 나타내는 '파롤'은 우리의 존재 자체라는 말이니까요.
이름을 기억한다는 것은 그 사람을 기억하는 것이며,
이름을 잊는다는 것은 사람의 존재를 잊는 것이라고 한다면 지나친 과장일까요?

아담이 각 생물을 부르는 것이 곧 그 이름이 되었더라.
아담이 모든 가축과 공중의 새와 들의 모든 짐승에게 이름을 주니라.
《구약성경》〈창세기〉

경영자는 첫째, 사원의 이름을 철저하게 외워두고 부를 일이 있으면 이름을 불러야 한다.

오기다니 마사노리

_____

_____

_____

_____

_____

_____

내 말을 새겨듣길 바란다. 이름을 외우는 바로 그 능력 덕분에
짐 팔리는 프랭클린 D. 루스벨트를 백악관에 입성시킬 수 있었다.
데일 카네기

정치가가 우선 배워야 할 교훈 한 가지는 바로 이것이다.
"유권자의 이름을 기억하는 것이 곧 정치적 수완이다. 이름을 잊으면 자신 또한 잊힌다."
― 데일 카네기

사람들에게 호감을 사기 위해 지켜야 할 원칙은,
이름은 그 이름을 가진 사람에게 언어를 불문하고
세상에서 가장 달콤하고 의미심장한 음절이라는 사실을 명심하라.
데일 카네기

6

여섯째 달

어디서든 환영받는 사람이 되는 법

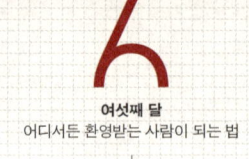

여섯째 달
어디서든 환영받는 사람이 되는 법

진심이 아닌 관심은 차라리 버려라

10년 만에 옛 친구에게서 전화가 옵니다. 그 동안 소식이 궁금했는데 반갑기 그지없습니다. "잘 지냈니? 아이는 잘 크고? 우리가 연락 못한 지 벌써 10년이 되었구나" 하며 이야기를 나누다보니 정겨웠던 학창시절이 생각나면서 입가에 미소가 번집니다. 그런데 의심 많은 우리의 이성은 문득 이런 생각을 합니다. '그런데 이 친구가 왜 나에게 전화를 했지?' 아니나 다를까 염려는 현실로 드러납니다. "사실은 말이야……" 하면서 급전이 필요하다거나, 보험을 가입해달라거나, 물건 하나만 사달라거나, 일단 만나서 이야기하자는 등……. 결국 우리가 나눈 대화는 이 부탁을 위한 것이었구나 하는 생각이 듭니다. 물론 10년 만에 다시 듣게 된 친구의 목소리는 반가웠지만 씁쓸한 마음만은 감출 수 없습니다. "어…… 나도 요즘 사정이 어려워서 말이야……. 그래 또 연락하자. 그럼 꼭 봐야지. 다음에 연락하고 밥 한번 먹자."

기약 없는 약속의 말과 함께 통화를 끝냅니다. 다음번에 그 친구에게 다시 전화가 오면 왠지 받기가 꺼려집니다.

카네기는 우리에게 '다른 사람에게 순수한 관심을 기울여라'라는 조언을 해줍니다. 인간은 누구나 관심받기를 원합니다. 그렇기에 자신에게 관심을 기울여주는 사람을 좋아할 수밖에 없다는 것입니다. 관심은 사람 사이의 관계에 있어서 처음이자 끝과 같다고 할 정도로 중요한 것임을 카네기는 거듭 강조하고 있습니다. 여기서 우리는 그가 다른 관심이 아닌 '순수한' 관심을 기울이라고 한 것에 주목해야 합니다.

무엇이 순수한 관심이고, 무엇이 그렇지 않은 걸까요? 일단 의도와 목적이 있는 관심은 순수하지 않은 것이라고 말할 수 있습니다. 하지만 인간이 의도와 목적 없이 100퍼센트 순수하게 무언가를 하는 것도 쉽지 않은 일입니다. 그래서 관계를 잘 맺어두면 언젠가는 나에게 도움이 될 날이 있을 거라는 생각으로 주변 사람들에게 관심을 기울이는 것을 꼭 나쁘다고만은 할 수 없습니다.

관심의 순수함을 결정짓는 더 중요한 요소는 '타이밍'일지도 모릅니다. 즉 어떤 일이 생기기 전에, 평상시에, 일상적으로 관심을 표현하느냐, 아니면 꼭 무슨 일이 터져서 필요할 때에만 찾고 관심을 보이느냐 하는 것이 그 차이일 수 있습니다. 예를 하나 들어 보겠습니다. 직장생활에서 직원이 가장 큰 관심을 받는 순간은 언제일까요? 상사는 물론, 평소에 관계도 없던 다른 팀의 직원들조차도 그 사람에게 큰 관심을 기울이는 때가 있습니다. 바로 직장을 그만둔다고 사표를 낼 때입니다. 갑작스런 사표 제출에 놀란 상사는 이렇게 물어봅니다. "왜 무슨 힘든 일 있었어?" "하는 일이 어때?" "뭘 도와줄까?" "팀원들과의 관계에 문제가 있나요?" "그래서 앞으로 어떤 일을 하고 싶은가요?" 등의 질문들을 하게 됩니다. 정말 안타깝습니다. 이런 질문들을 사표 낸 이후가 아닌 평상시에 했다면 어땠을까요? 그것이야말로 순수한 관심이 아닐까요?

카네기 코스에 참여했던 모 증권회사의 임원 한 분은 젊은 시절부터 하루도 빠지지 않고 실천하는 습관이 하나 있다고 합니다. 그것은 무조건 하루 두 명의 사람에게 안부를 묻는 연락을 하는 것입니다. 특별한 내용도 아닙니다. 저장된 연락처를 보고 가급적 전화를 해서 어떻게 지내는지 간단한 대화를 나눕니다. 여의치 않을 때는 문자메시지를 보내기도 하고, 이메일을 보내기도 합니다. 어쨌든 하루 두 명의 사람에게는 특별한 목적 없이 연락을 해서 소통을 시도합니다. 본인의 성공에 있어 이 습관은 정말 도움이 되었고, 필요할 때 많은 분들의 협력을 얻을 수 있는 자산이 되었다고 합니다. 물론 이 임원의 경우는 다른 사람에게 관심을 가지기 위해 의식적으로 노력한 것입니다. 거기에 어떤 의도가 있는지 사실 다른 사람은 알 수 없습니다. 중요한 것은 자신이 필요할 때가 아닌 평상시에 관심을 기울였다는 사실입니다. 중요한 것은 타이밍입니다. 평상시에 꾸준히 상대방에게 순수한 관심을 기울이기 위해 노력하는 것이 중요합니다. 가족이나 취미 등 일상적인 것부터, 관계나 진로 등 보다 깊은 부분까지 타인에 대해서 우리가 모르는 것은 너무나 많이 있습니다. 약간의 용기를 내어서 지금 생각나는 분께 안부 전화 한 통 해보는 것은 어떨까요? 웬일이냐고 상대방이 묻는다면 이렇게 답변하는 것으로 충분합니다.

"그냥, 생각나서……."

당신의 관심 지수는?

당신 주변의 소중한 사람을 떠올려보세요. 우리는 그들에 대해서
얼마나 많이 알고 있을까요? 아래에 떠오르는 사람의 이름을 적습니다.
그리고 각각의 항목에 대해서 표시해봅니다.
잘 알고 있으면 ○, 알 듯 모를 듯 △, 잘 모르겠다 ×로 표시합니다.
△와 ×가 많이 나오는 사람이 있나요? 그 분에게 순수한 관심이 필요합니다.

☺

	가족	친구	직장 동료	기타 인간관계
이름				
사는 곳, 고향에 대해				
어린 시절 추억에 대해				
요즘 관심 가지는 것				
최근의 스트레스				
가장 자랑스러워 하는 것				
가장 후회하는 것				
가장 좋아하는 일				
이루고 싶은 꿈				
그가 나에게 바라는 것				

	가족	친구	직장 동료	기타 인간관계
이름				
사는 곳, 고향에 대해				
어린 시절 추억에 대해				
요즘 관심 가지는 것				
최근의 스트레스				
가장 자랑스러워 하는 것				
가장 후회하는 것				
가장 좋아하는 일				
이루고 싶은 꿈				
그가 나에게 바라는 것				

월

✎
**이번 달을 시작하면서
문득 생각나는 사람들**

-
-
-
-
-
-

Sunday	Monday	Tuesday
....	....	....
....	....	....
....	....	....
....	....	....
....	....	....

Wednesday	Thursday	Friday	Saturday

데일 카네기는 그가 읽은 모든 심리학 서적 중에서 가장 의미심장한 글로서
알프레드 아들러의 다음 구절을 뽑았습니다.
"다른 사람들에게 관심이 없는 사람은 인생을 사는 데
굉장히 어려움을 겪게 되고, 다른 사람에게도 해를 끼치게 된다.
인간의 모든 실패는 바로 이런 유형의 인물에서 비롯된다."

우리는 인간의 이기심과 개인주의가 이 사회가 겪고 있는
수많은 질병의 가장 큰 원인이라는 진단에 동의하지 않을 수 없습니다.
그렇다면 그 해결책은 누가 뭐래도 '사람에 대한 순수한 관심'일 것입니다.
물론 각박한 사회를 살아가며 타인에게 관심을 기울인다는 것은 쉬운 일이 아닙니다.
하지만 그렇기 때문에 관심과 존경을 표하는 것이 더욱 소중한 가치를
가지게 되는 것입니다. 그래서 카네기는 다음과 같이 다시 한 번 강조합니다.
"우리 모두는 공장 노동자이든 사무원이든 혹은
왕관을 쓴 임금이든 자신을 존경하는 사람을 좋아하게 마련이다."

사람의 환심을 사려면 그 사람을 끌려는 것보다도 먼저
그 사람에게 순수한 관심을 두는 것이 훨씬 낫다.
데일 카네기

아담의 자녀들은 누구 할 것이 없이 한 몸에서 나온 한 형제다.
한 사람이 아프면 다른 사람도 아픈 법이다.
따라서 다른 사람의 고통에 무관심한 사람은 인간이란 말을 들을 자격이 없다.

사아디

주변 사람들에게 저지르는 가장 큰 죄는 그들에 대한 미움이 아니다.
무관심이야말로 가장 큰 죄다. 무관심은 비인간성을 대표하는 반인간적인 감정이다.
조지 버나드 쇼

나는 이제까지 땅을 사랑해왔다. 땅은 언제나 인간보다 좋은 것이다.
인간은 일시적으로 겨우 소수의 사람들에게밖에 관심을 가질 수 없다.

어니스트 헤밍웨이

아무리 심술궂은 사람일지라도 그가 우리에게 별 관심이 없다면
우리에게 해를 끼칠 우려는 거의 없어질 것이다.
프랑수아 드 라 로슈푸코

7

일곱째 달

대화의 신이 되는 가장 쉬운 방법

7

일곱째 달
대화의 신이 되는 가장 쉬운 방법

백 마디 말보다 한 번의 경청을

오만 가지 생각! 사람의 의식은 꽤나 복잡합니다. 굳이 뇌과학의 복잡한 이론을 빌려오지 않더라도 우리는 알 수 있습니다. 우리의 머릿속이 얼마나 복잡하고, 한 번에 얼마나 많은 생각들을 할 수 있는지를. 더군다나 문명이 발전할수록 한 번에 인식하는 정보의 양도 기하급수적으로 늘어나고 있습니다. 오늘날의 신문 한 부에는 19세기 사람들이 평생 접하는 것보다도 많은 양의 정보가 들어 있다고 합니다. 그 정보들이 실시간으로 업데이트되고 SNS를 통해 순식간에 확장됩니다. 이렇게 우리 현대인의 뇌는 무한에 가까운 정보의 자극을 수용하고 쉴 새 없이 그것을 해석하고 확대 재생산하고 있습니다.

경청! 그것은 그 오만 가지의 생각과 정보처리를 멈추고 온전히 한 사람에게만 집중하는 숭고한 노력입니다. 수많은 정보를 동시에 인지하고, 빠른 속도로 그것을 해석한 후, 한 번에 여러 가지로 반응하는 데에 익숙한 우리로서는 오직 한 사람의 이야기만을 집중해서 듣고 공감한다는 것이 사실 굉장히 낯선 일일 것입니다.

사람의 이야기를 들을 때 다른 수많은 정보들이 우리를 방해합니다. SNS에 업데이트되는 내용들, 스마트폰의 각종 메시지, 주변의 소음 등등. 그런데 그뿐만이 아닙니다. 미처 응답하지 못한 이메일, 내일 처리해야 하는 일들, 다음 스케줄 등이 우리 머릿속을 끊임없이 맴돌고 있습니다. 겉으로는 상대방의 말을 듣고 있지만 우리의 관심은 여전히 우리 자신에게 머물러 있을 뿐입니다. 기껏해야 상대방의 말에 의례적인 반응을 한 후 재빨리 해결책을 알려주는 정도입니다. 그야말로 경청은 험난한 과정입니다.

그러나 역설적으로, 그러하기에 경청은 소중합니다. 힘이 있습니다. 왜냐하면 우리 역시 나를 판단하지 않고, 관심을 가지고 질문해주고,

공감하며 들어주는 사람을 만나기가 쉽지 않기 때문입니다. 좋은 경청은 단지 수동적으로 듣는 것만을 의미하지는 않습니다. 존 러스킨은 '질문을 명확하게 할 수 있다는 것은 벌써 답을 3분의 2만큼 끌어냈다는 것을 의미한다'라고 했습니다. 경청을 잘하는 사람은 질문을 잘하는 사람입니다. 그리고 판단하기보다는 공감합니다.

우리는 무언가 해결책이 있어야 다른 사람에게 도움을 줄 수 있다고 믿곤 합니다. 하지만 이것이야말로 큰 오해입니다. 오늘날 우리는 마음만 먹으면 언제든지 좋은 정보와 답을 찾을 수 있습니다. 문제는 우리의 감정과 생각을 편견 없이 받아들여주고 들어주는 이가 없다는 것입니다. 그래서 우리는 어쩌면 좋은 기회를 가지고 있는 것인지도 모릅니다. 집중해서 듣고 공감만 해줄 수 있다면 상대방에게 둘도 없는 존재가 될 수 있기 때문입니다.

경청을 위해 다음의 몇 가지 사항을 준비해보면 도움이 될 것입니다.

첫째, 상대방을 위한 시간과 장소를 마련합니다. 둘째, 적절한 질문을 준비합니다. 가벼운 일상사부터 최근의 고민, 미래에 대한 방향 등 그 사람의 생각이나 감정에 관한 질문이면 더욱 좋습니다. 끝으로 반응과 공감을 표현합니다. '그래서요?' '어떻게 된 건가요?' '예를 들어주세요' '아, 그렇군요' 등 상대방이 좀 더 많은 이야기를 하는 데 도움을 줄 수 있는 간단한 추임새 정도면 충분합니다. 판소리를 할 때 소리꾼은 고수의 간단한 추임새에 힘을 얻어 몇 시간이고 노래를 합니다. 상대방을 위한 특별한 조언이 생각나지 않는다고 해서 전혀 실망할 필요가 없습니다. 오히려 무슨 조언을 해야 하는가 고민하는 것은 우리의 집중력을 방해할 뿐입니다. 그저 '잘 알겠습니다' '나도 공감합니다'와 같은 표현만으로도 상대방은 대화 과정 중에 스스로 답을 찾아갈 것입니다.

올리버 웬델 홈즈는 '말하는 것은 지식의 영역이고 듣는 것은 지혜의 영역'이라고 했습니다. 경청은 상대방을 위한 것뿐만 아니라 나를 위한 것이기도 하다는 뜻입니다. **지혜로운 사람은 경청을 잘하고 그 경청을 통해서 새로운 지혜를 축적합니다.**

지난 한 달간을 돌이켜볼 때 나의 이야기에 30분 이상 진심 어린 경청을 해준 사람이 몇이나 되던가요? 아마 별로 없을 것입니다. 바꾸어 말하면 경청은 아무나 줄 수 없는 소중한 선물입니다. 오늘 당신이 소중하다고 생각하는 사람에게 값진 선물을 전해주세요. 바로 경청이라는 선물을 말입니다.

나의 경청 점수는?

☺

1. 다른 사람들은 나에게 자신들의 이야기를 반복해서 이야기할 필요를 느낀다.
   ☐ 항상 그렇다   ☐ 보통 그렇다   ☐ 때때로 그렇다   ☐ 거의 그렇지 않다

2. 나는 남들의 이야기를 듣다가 그들의 마지막 문장을 내가 말하곤 한다.
   ☐ 항상 그렇다   ☐ 보통 그렇다   ☐ 때때로 그렇다   ☐ 거의 그렇지 않다

3. 나는 다른 사람들의 이야기를 들을 때 여러 가지 일을 동시에 하곤 한다.
   ☐ 항상 그렇다   ☐ 보통 그렇다   ☐ 때때로 그렇다   ☐ 거의 그렇지 않다

4. 나는 이야기하는 사람에게 그 말의 정확한 의미를 묻는 것이 불편하다.
   ☐ 항상 그렇다   ☐ 보통 그렇다   ☐ 때때로 그렇다   ☐ 거의 그렇지 않다

5. 누군가 내게 어려움이나 문제를 가지고 오면 나는 그것을 고치려고 하거나 조언을 해주려고 하는 경향이 있다.
   ☐ 항상 그렇다   ☐ 보통 그렇다   ☐ 때때로 그렇다   ☐ 거의 그렇지 않다

6. 나는 상대방에게 주의를 집중하는 척한다.
   ☐ 항상 그렇다   ☐ 보통 그렇다   ☐ 때때로 그렇다   ☐ 거의 그렇지 않다

7. 나는 상대방이 말을 끝내기 전에 어떻게 반응해야 할지 속으로 미리 결정한다.
   ☐ 항상 그렇다   ☐ 보통 그렇다   ☐ 때때로 그렇다   ☐ 거의 그렇지 않다

8. 나는 상대방의 외양을 보고 추측을 한다.
   ☐ 항상 그렇다   ☐ 보통 그렇다   ☐ 때때로 그렇다   ☐ 거의 그렇지 않다

9. 나는 누군가 나에게 이야기를 할 때 쉽게 다른 것에 주의가 팔리곤 한다.
   ☐ 항상 그렇다   ☐ 보통 그렇다   ☐ 때때로 그렇다   ☐ 거의 그렇지 않다

10. 나는 대화에서 거의 내가 이야기하는 편이다.
   ☐ 항상 그렇다 ☐ 보통 그렇다 ☐ 때때로 그렇다 ☐ 거의 그렇지 않다

11. 누가 내게 질문을 해오면 나는 하는 일을 멈추고 그 사람에게 집중한다.
   ☐ 항상 그렇다 ☐ 보통 그렇다 ☐ 때때로 그렇다 ☐ 거의 그렇지 않다

12. 나는 그것이 내게 중요하지 않은 일일지라도 상대방의 말에 집중한다.
   ☐ 항상 그렇다 ☐ 보통 그렇다 ☐ 때때로 그렇다 ☐ 거의 그렇지 않다

13. 나는 내가 동의하지 않을지라도 상대방의 관점에서 들으려 노력한다.
   ☐ 항상 그렇다 ☐ 보통 그렇다 ☐ 때때로 그렇다 ☐ 거의 그렇지 않다

14. 나는 말하는 사람의 눈을 쳐다본다.
   ☐ 항상 그렇다 ☐ 보통 그렇다 ☐ 때때로 그렇다 ☐ 거의 그렇지 않다

15. 나는 내가 반응하기 전에 상대가 자기 의견을 충분히 말하도록 기회를 준다.
   ☐ 항상 그렇다 ☐ 보통 그렇다 ☐ 때때로 그렇다 ☐ 거의 그렇지 않다

↓

아래와 같은 기준으로 당신의 경청 능력을 채점해보세요.

질문 1번~10번
- 항상 그렇다 - 1점
- 보통 그렇다 - 2점
- 때때로 그렇다 - 3점
- 거의 그렇지 않다 - 4점

질문 11번~15번
- 항상 그렇다 - 4점
- 보통 그렇다 - 3점
- 때때로 그렇다 - 2점
- 거의 그렇지 않다 - 1점

결과
- **53~60점** 당신은 능숙한 경청가이다. 주위 사람에게 당신의 경청 능력에 대한 스스로의 평가가 올바른지 확인해보라.
- **46~52점** 경청은 당신에게 있어서 중요한 우선순위이다.
- **39~45점** 당신은 당신에게 편리한 것만 듣는다.
- **32~38점** 당신은 사람들의 이야기를 가끔 듣는다.
- **31점 이하** 당신은 매우 정직한 사람이고 개선할 수 있는 여지가 많다.

월

✎
**이 달에 나의 경청을
필요로 할 것 같은 사람들**

-
-
-

-
-
-

Sunday	Monday	Tuesday

Wednesday	Thursday	Friday	Saturday

말주변이 있는 사람이 되기를 원한다면 우선 주의 깊은
경청자가 되어야 할 것이다. 자신에게 흥미를 느끼게 하려면 먼저 남에 대한
흥미를 가져야 한다. 다른 사람들이 대답하기 좋아하는 질문을 던져야 한다.
그들 자신과 그들의 업적에 관해 이야기하도록 그들을 격려해주어야 한다.
당신이 이야기하고 있는 사람은 당신이나 당신의 문제들보다 몇백 배 더
그들 자신의 소망과 문제에 대해 관심을 갖고 있다는 사실을 명심해야 한다.
어떤 사람의 치통은 수백만 명을 굶어 죽게 만드는 이웃나라의 기근보다
더 중요한 일이다. 그러므로 다음에 대화를 시작할 때는 이 점을 명심하도록 하라.
남의 말을 잘 들어주는 사람이 되어라.
스스로에 대해 말하도록 다른 사람들을 고무시켜라.*

LIKE CARNEGIE

* 《카네기 인간관계론》 중에서

누구도 개미보다 설교를 더 잘할 수 없다. 개미는 한 마디도 하지 않는다.

벤저민 프랭클린

잘 경청하라.
당신의 귀는 당신을 곤란에 빠뜨리지 않을 것이다.
프랭크 타이거

당신 기업에서 일하는 모든 사람들의 말을 귀담아 듣고, 그들로 하여금 입을 열게 할 방법을 찾아라. 고객을 직접 상대하는 직원은 최전선에서 어떤 일이 벌어지고 있는지 가장 잘 알고 있다. 당신은 그들이 알고 있는 것을 파악해야 한다.

샘 월튼

사랑의 첫 번째 의무는 귀 기울여 듣는 것이다.
폴 틸리히

지혜는 들음으로써 생기고, 후회는 말함으로써 생긴다.
영국 속담

8
여덟째 달

해결해줄 수 없는 문제 앞에서

Dale Carnegie

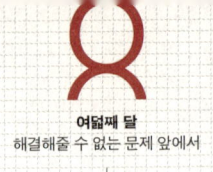

여덟째 달
해결해줄 수 없는 문제 앞에서

진정한 위로는 함께 있어주는 것

제2차 세계대전 당시 독일의 나치는 수많은 유대인들을 학살했습니다. 더 이상 신은 자신의 백성을 보호해주지 않는 것처럼 보였습니다. 어린아이까지 잔혹하게 교수형에 처해지는 모습은 유대인들을 절망하게 했습니다. 사형대에 매달려 고통스럽게 죽어가는 아이를 보며 망연자실한 유대인 무리들은 절규했습니다.
"더 이상 신은 존재하지 않는다. 신이 있다면 어떻게 저 아이를 죽어가게 내버려둘 수 있는가?"
그때 한 사람이 이렇게 소리쳤다고 합니다.
"아니다. 신은 바로 여기에 있다. 신은 사형대에 매달려서 저 아이와 함께 고통받고 있는 것이다!"
사형장에 모인 무리들은 숙연하게 고개를 숙이고 눈물을 흘렸습니다. 그것은 고통의 눈물인 동시에 위로의 눈물이었습니다. 역설적이게도 진정한 위로는 문제해결이라기보다는 그 고통에 동참하는 것이기 때문입니다. 신도 그러한데 하물며 인간인 우리는 말할 것도 없을 것입니다. 우리는 타인의 고통과 슬픔을 완전히 해결해줄 수 없습니다. 오히려 섣부른 해결책은 더 큰 상처를 줄 수 있습니다. 하지만 우리는 고통의 자리에 함께 머물러줄 수는 있습니다. 그것이 위로입니다. "잘될 거야" "괜찮을 거야" 하는 말로는 전혀 위로가 되지 않는 일들이 많이 있습니다. 그때에는 그저 함께 있어주는 것으로 충분합니다. 그것이 우리가 할 수 있는 최선이며, 그것이 바로 위로입니다.
위로는 참으로 어려운 것입니다. 해결해줄 수 없는 문제에 빠진 사람들의 이야기를 들으면 듣는 사람도 지칩니다. 도울 방법이 없다는 사실에 무기력해지기도 하고, 어쩔 수 없는 현실을 회피하고 싶은 마음도 들기 때문입니다. 이때에는 문제를 해결해주어야 한다는 강박으로부터 자유로워질 필요가 있습니다. 함께 슬퍼하고, 그저 따뜻하게 손을 잡아주는 것으로 충분하다는 믿음을 가져야 합니다. 그래야만 끝까지 함께할 수 있습니다.

고객 서비스업에 종사하는 사람들은 때로 지나치게 무리한 요구를 하는 고객들 때문에 고통을 겪을 때가 있습니다. 심지어 심각한 욕설을 듣는 경우도 있습니다. 모 자동차 브랜드의 한 매니저는 과도한 요구와 무례한 표현으로 직원들을 곤경에 빠뜨리는 불만 고객들을 대할 때 스스로 세운 원칙이 있다고 합니다. 바로 직원들이 고객들에게 욕을 먹을 때 반드시 그 자리에 함께 있는 것입니다. 때로는 고객을 설득하기도, 사안을 정리하기도 하지만 이 매니저가 우선적으로 중요하게 여기는 것은 고객의 불만을 해소하는 것이 아닙니다. 바로 직원을 보호하는 것입니다. 직원이 곤란을 겪을 때 묵묵히 함께 있어주는 것만으로도 직원들에게는 큰 힘과 위로가 된다고 합니다. 고객 불만 때문에 곤란한 일을 겪는 서비스 직원들을 더 힘들게 하는 것은 그것에 대해 모른 척하는 다른 직원들로부터 느끼는 서운함이라고 합니다. "다 잘될 거야" "원래 그런 거지, 빨리 잊어버려" 하며 무심코 내뱉는 말들은 전혀 위로가 되지 않습니다. 하지만 그 자리에 함께 있어주는 것은 큰 힘이 됩니다. "힘들지? 그 마음 알 것 같다. 내가 함께 있을게" 하며 손잡아주는 것. 우리에게 필요한 위로는 바로 이것입니다.

고등학교 시절 입시에 실패했던 친구가 있었습니다. 저는 원하는 대학에 합격했습니다. 그 사실이 왠지 그 친구를 대하는 것을 어색하게 만들었습니다. 혹시 내가 하는 위로의 말이 그 친구에게 위선으로 비추어질까 하는 걱정 때문이었습니다. 괜히 미안한 마음에 말 거는 것도 어려워 서먹서먹하게 시간만 보내다 결국 제대로 인사도 못한 채 졸업을 맞게 되었습니다. 몇 년이 지나 군대에 간 그 친구에게서 편지가 한 통 왔습니다. 저는 그 편지의 내용을 잊을 수가 없습니다.

"난 그때 대학에 떨어지고 너무 힘들었단다. 그런데 더욱 힘든 것은 나에게 다가오지 않고 관심을 가져주지 않는 너의 모습이었다. 우리가 왜 그렇게 되었을까? 이제 시간도 많이 흘렀고 나는 제대를 앞두고 있다. 우리 다시 만나면 이전처럼 다시 웃으며 편하게 지내면 좋겠다."

결국 저는 '그 친구'가 아니라 그를 위로하려는 '나'의 모습에 더 큰 관심이 있었던 것입니다. 해줄 말이 없었기에 다가가지도 못했습니다. 하지만 지금은 중요한 것을 깨달았습니다. 진정한 위로는 함께하는 그 자체라는 것을 말입니다.

관계 지도를 그려보자

우리 주변에는 많은 사람들이 있습니다. 그 사람들의 떠올려봅니다.
그 사람들은 나에게 무엇을 기대하고 있나요? 아래 빈 칸에 생각나는 사람을 적고
그들이 나에게 기대하는 것을 한 단어로 표현해봅니다.
그들이 내게 원하는 것을 해주기 위해서 나는 무엇을 할 수 있을까요?

☺

이름:
기대:

이름:
기대:

이름:
기대:

나

이름:
기대:

이름:
기대:

이름:
기대:

✎ 나에게 위로와 격려가 필요한 사람은?

✎ 그 사람에게 실천할 한 가지

	Sunday	Monday	Tuesday

_____ 월

✎
**이 달이 지나기 전에 꼭
함께 있어줘야 할 사람들**

-
-
-
-
-
-

Wednesday	Thursday	Friday	Saturday

한 노인이 빵 한 덩어리를 훔친 죄로 재판을 받게 되었습니다.
노인은 가족이 굶어 죽게 생겨서 어쩔 수 없이 빵을 훔쳤다고 말했습니다.
판사는 노인의 사연을 무척 안타깝게 여겼죠.
하지만 법 적용에 예외가 있을 수는 없었습니다.
"사정은 딱하지만 빵을 훔친 것은 어쨌든 법을 어긴 것입니다.
여기 있는 노인에게 10달러의 벌금형을 선고합니다."
선고를 내린 후 판사는 자신의 지갑에서 10달러를 꺼내서 노인에게 주었습니다.
"이 돈으로 벌금을 내세요."
그리고 그는 법정에 모인 모든 사람에게 말했습니다.
"여기 있는 모든 분들에게 말합니다. 이 노인이 빵 하나 살 수 없는 도시에
살게 된 것은 우리 모두의 책임입니다. 저를 포함한 이 자리에 있는
모든 사람들에게 벌금 50센트를 선고합니다."
그러고는 법정에 있는 모든 사람들에게 동전을 모아서
그 노인의 손에 쥐어주었습니다.

이 이야기는 훗날 뉴욕 시장이 된 라과디아La Guadia가
판사로 일할 때의 이야기입니다. 함께한다는 것은 바로 이런 것이 아닐까요?
성공이 나만의 노력으로 이루어진 것이 아니듯, 실패 역시 그 사람만의
잘못이 아닙니다. 오늘날은 타인의 고통을 우리의 것으로
끌어안을 수 있는 노력이 절실히 필요한 시대입니다.

눈물 없이 사는 것이 진정한 행복이 아니다.
눈물 흘리며 슬퍼할 때 그 눈물을 닦아주며 위로해주는 사람이 옆에 있는 것이 행복이다.
윈 베네딕트

인간은 좋은 친구가 생기기를 기다리는 것보다
자기 스스로가 남의 좋은 친구가 되었을 때 진정한 행복을 느낀다.

버트란트 러셀

그 사람의 입장에 서보지 않는 한, 남의 일에 대해서 이러쿵저러쿵 함부로 말하지 말라.
남은 되도록 많이 용서하되 자기 자신에 대해서는 아무것도 용서하지 말라.
《탈무드》

그 사람이 열망하는 것을 무시하면, 그 사람이 가진 힘의 근원을 무시하는 것이다.
월터 리프먼

인간에게는 결점이 반드시 있다. 다들 완전무결한 친구를 찾지만 결코 생각대로는 안 된다.
우리는 자신의 결점에도 불구하고 스스로를 사랑하고 있으므로
친구도 우리 자신과 마찬가지로 그렇게 사랑해야 한다.
큐로스

9
아홉째 달
부정적인 메시지를 전해야 할 때

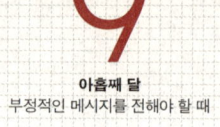

아홉째 달
부정적인 메시지를 전해야 할 때

다름을 인정할 때
숨어 있던 해법이 모습을 드러낸다

회의를 할 때 가장 많이 주고받는 말은 무엇일까요? 너무 어려운 질문이라면 객관식으로 질문을 바꾸어 보겠습니다.

　　　　다음 중 회의에서 더 자주 주고받는 말은 무엇인가요?
　　　　① 그럴 수도 있겠군요.
　　　　② 아니 그게 아니라…….

당신은 어떤 말이 오고가는 회의를 하고 싶은가요? 물론 내가 상대방의 아이디어에 동의하지 않을 수 있습니다. 실제 다른 의견을 주고받는 것이 토론이고 회의입니다. 하지만 동의하지 않아도 존중할 수 있습니다. 생각을 같이하지 않더라도 의견에 공감해줄 수는 있습니다. 반대어를 써야만 반대할 수 있는 것이 아닙니다. '아니 그게 아니라'로 내 주장을 시작하면서 의견을 말하기도 전에 상대방의 마음의 문을 닫게 만들 필요가 없습니다. "그럴 수도 있겠군요. 이런 경우는 어떨까요?" 하며 내 주장의 근거를 이야기하면 됩니다. 우리에게 필요한 것은 서로 다른 주장이 부딪치는 소모적인 논쟁이 아니라 다양한 사실과 근거들을 주고받는 건설적인 의견 제시입니다.

좋은 아이디어와 해결책은 다양한 의견이 자유롭고 오고가는 데서 만들어집니다. 다름이 공존하는 것은 아름답습니다. 어떤 조직이 화합과 단합이 잘된다고 할 때 그것은 조직원이 한 가지 생각을 획일적으로 한다는 것을 의미하지 않습니다. 사실 그것은 끔찍한 일입니다. 모든 사람이 같은 생각을 한다는 것은 어쩌면 인간다움을 잃어버린 것일 수도 있습니다. 파시즘과 나치즘 등 인류사회를 파멸로 이끌었던 사상들은 인간을 하나의 스펙트럼으로 통일해보려는 시도에서 발생한 것입니다. 진정으로 하나가 된다는 것은 서로 다른 것이 어우러져 공존하는 것입니다.

더군다나 상대방의 의견을 존중하는 태도는 내 의견을 설득할 수 있는 가능성을 더 높여줍니다. 인간은 이성적인 존재 같지만 사실 감정의 지배를 많이 받습니다. 이성적이고 논리적인 사람이라고 할지라도 감정적으로 먼저 판단한 후 그 주장을 뒷받침하기 위해서 비로소 이성을 사용하는 경우가 더 많이 있습니다. 감정이 상하게 된다면 자신의 주장이 설사 틀렸다 할지라도 그것을 방어하는 데 모든 노력을 기울이게 될 것입니다. 우리가 성인군자가 아닌 것처럼 상대방도 마찬가지입니다. 논쟁을 통해서 상대방을 이길 수 있다고 믿는 것은 인간이 어떤 존재인지 모르는 무지의 소산이라고 할 수 있습니다.

그래서 카네기는 다음과 같이 조언합니다.

"당신은 논쟁에서 이길 수 없다. 왜냐하면 논쟁에 지면 지는 것이고, 이긴다고 해도 지는 것이기 때문이다. 왜 그럴까? 자, 다른 사람이 당신과의 논쟁 상대가 안 된다는 것을 증명했다고 하자. 그래서 어쨌다는 것인가? 당신 기분이야 좋겠지만 상대방은 어떻게 되겠는가? 당신은 그에게 열등감을 느끼게 했고, 그의 자존심을 구겨버렸다. 그는 당신의 승리를 혐오할 것이다."

그리고 그는 짧게 한 마디 덧붙입니다.

"자기 의사와는 반대로 설득당한 사람은 그래도 자기 의견을 굳게 지킨다."

서로 다른 의견은 영원히 좁혀질 수 없는 것일까요? 물론 쉽지 않은 일입니다. 하지만 불가능한 것도 아닙니다. 만약 우리가 상대방을 진심으로 존중하고 타협점을 찾으려는 노력을 포기하지만 않는다면 말이지요. 수많은 협상의 사례들이 이를 증명합니다. 성공적인 협상의 사례를 분석해보면 의외로 단순한 결론에 이르게 됩니다. 바로 상대방에 대한 존중입니다.

"그게 아니라……." 이렇게 상대방이 틀렸다고 말하는 것을 습관처럼 반복하는 사람에게 카네기는 따끔하게 충고합니다.

"상대방이 틀렸다고 말하는 것은 적을 만드는 확실한 방법이다."

나만의 쿠션 언어 만들기

상대방의 의견이 항상 나와 같을 수는 없습니다. 때로는 반대되는 말을 해야 할 때가 있습니다. '그게 아니라……' 로 시작하기보다는 다음과 같은 말로 시작하면 어떨까요? 쿠션은 말 그대로 충격을 완화시켜주고 서로에게 생각할 여유를 줍니다.

쿠션언어

의견이 다를 경우 확신 있게 행동하면서도 부드러운 분위기를 만들 수 있는 쿠션들은 다음과 같다.

당신의 이야기를 들어보니……

한 번 고려해보도록 하죠.

당신이 맞을 수도 있겠군요.

그 부분도 토의해보기로 하죠.

이 관점에서도 검토해보면 어떨까요.

이렇게 된다면 어떻게 될까요.

이 부분에 대해 생각해보신 적이 있으신지요.

이 아이디어와 저 아이디어를 비교해보면 어떨까요.

이 외에 또 어떤 쿠션 언어들이 있을까요?
나만의 쿠션언어를 생각하고 적어봅니다.

월

✎

**나와 자주 의견 충돌을
일으키는 사람들
(즉, 쿠션언어를 꼭
준비해야 할 사람들)**

-
-
-
-
-
-

Sunday	Monday	Tuesday

Wednesday	Thursday	Friday	Saturday

뉴욕 소재의 한 목재소의 세일즈맨인 R. V. 크롤리의 사례이다. 당시 그의 목재소는 고객사 검사관들의 까다로운 요구 때문에 골머리를 앓고 있었다. 크롤리는 고집불통의 검사관들과 숱한 논쟁을 벌여야 했다. 따지기도 하고 지적도 하였으나 소용이 없었다. 사실상 대부분의 경우 논리적으로는 크롤리의 말이 검사관들에 비해 훨씬 더 타당한 것이었다. 하지만 그는 이러한 방식의 설득이 아무런 효과가 없었다고 고백한다. 오히려 이런 소모적인 논쟁으로 인해 시간 지연에 따른 수천 달러의 손해를 보고 있다는 사실을 깨달았다. 카네기 코스에 참여한 이후 그는 접근 방식을 바꾸어보았다. 그날도 검사관들은 근거 없는 이유를 대면서 납품한 목재의 55퍼센트가 불량이라면서 반품을 요구했다. 현장을 찾은 크롤리는 검사관들을 설득하는 대신 정중한 태도로 질문을 하기 시작했다. 그는 단 한 순간도 검사관들의 지적이 틀렸다는 내색을 하지 않았다. "목재가 마음에 드시지 않는다니 정말 죄송합니다. 다음번에 더 좋은 목재를 납품하기 위해 몇 가지만 질문드리고 요구 사항을 다시 한 번 확인해도 되겠습니까?" 정중한 태도로 질문을 하면서, 검사관들의 요구사항이 기준에 맞지 않는 것임에 대해서는 최대한 간접적으로 이야기할 수 있도록 신중을 기했다. 설명보다는 질문에 집중했다. 그러자 검사관의 태도가 조금씩 변하면서 결국에는 그들이 백송나무를 다룬 경험이 없다는 것을 시인하기에 이르렀다. 결국 그는 그 자리에서 반품 없이 100퍼센트 납품에 성공할 수 있었다.*

"사람을 가르칠 때는 가르치지 않는 것처럼 하면서 가르치고, 새로운 사실을 제안할 때는 마치 그 사람이 잊어버렸던 것을 우연히 다시 생각나게 된 것처럼 제안하라."
알렉산더 포프

* 《카네기 인간관계론》에 소개된 목재 회사 세일즈맨 R. V. 크롤리의 사례를 요약 정리한 것임

상대방이 틀렸다고 말하는 것은 적을 만드는 확실한 방법이다.
데일 카네기

내게 옳음이 있으면 남에게도 옳음이 있음을 인정하라. 남의 의견이 나와 다르다 해서
그를 미워하는 편협한 일을 아니하면 세상에는 화평이 있을 것이다.

도산 안창호

논쟁하면서 상대의 가슴에 비수를 꽂고 반박하면 때때로 승리할 수도 있다.
하지만 상대의 호의를 얻지는 못할 것이므로 빈껍데기 승리에 지나지 않을 것이다.
벤저민 프랭클린

여기 윌리엄 제이 잠들다, 죽을 때까지 자신만 옳다고 우기던 사람—
논쟁만 했다 하면 그는 옳았고, 너무 옳아 탈이었다.
그러나 옳고 그름이 무슨 소용 있으리, 그는 이미 죽은 몸인 것을.
〈보스턴 트랜스크립트The Boston Transcript〉지

자네도 옳고 상대도 옳다면 자네가 양보하게. 자네만 옳다고 해도
사소한 일이라면 양보하게. 서로 먼저 지나가겠다고 싸우다가 개한테 물리기보다는
개가 먼저 지나갈 수 있도록 비켜주는 것이 낫지 않겠나. 일단 물리고 나면 그 개를
죽인다고 해서 상처가 낫지는 않을 테니까 말이야.
에이브러햄 링컨

10

열째 달

영향력 키우는 법

Dale Carnegie

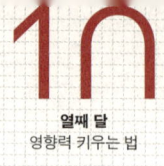

열째 달
영향력 키우는 법

진심 어린 부탁은 언제나 아름답다

'시작이 반이다'라는 말이 있습니다. '끝이 좋으면 다 좋다'라는 말도 있습니다. 어쨌거나 처음과 끝이 가장 중요한 것 같습니다. 데일 카네기는 인간관계 원칙을 30가지로 정리했습니다. 첫 번째 원칙은 '비난, 비판, 불평을 하지 말라'입니다. 그렇다면 마지막 서른 번째 원칙은 무엇일까요? 바로 '당신이 제안하는 것을 상대방이 기꺼이 하도록 만들어라'는 것입니다. 풀이하자면 카네기의 가르침은 상대방을 비난하지 않는 것으로 시작해서 나의 제안을 기꺼이 따르게 하는 것으로 마무리됩니다.

나의 제안을 상대방이 기꺼이 따르도록 하는 것, 이것이 바로 리더십이라 할 수 있습니다. 리더십은 영향력입니다. 힘이나 권력으로 복종시키는 것이 아니라 기꺼이 따르게 하는 영향력입니다. 사실 명령에는 특별한 기술이 필요 없습니다. 만약 내가 명령을 내릴 위치에 있다면 그저 원하는 것을 이야기하는 것만으로도 충분합니다. 하지만 기꺼이 따르게 만드는 것은 상당한 주의가 필요합니다. 단순히 원하는 것을 말하는 것으로 충분하지 않습니다. 인간은 마치 청개구리처럼 금지된 것을 욕망하는 습성이 있고, 시키는 것은 더 하기 싫어하는 성향이 있기 때문입니다.

카네기 코스를 진행하는 한 강사는 리더십을 이렇게 풀이했습니다.

"리더십은 부탁하는 능력이다. 리더가 하는 일이 무엇인가? 사람들에게 무언가를 부탁하는 일이다. '이 일을 기한 내에 처리해주세요.' '계약을 성사시켜주세요.' '좋은 아이디어를 내주세요.' '우리의 비전에 동참해주세요.' '그 지역으로 가서 이 전략을 실행해주세요.' 이처럼 끊임없이 부탁하는 이가 리더이다. **따라서 좋은 리더는 기분 좋게 부탁하는 사람이다.** 리더가 어떻게 부탁하느냐에 따라 사람들은 기꺼이 그것을 따를 수도 있고, 마

> **관계의 모든 기술은 방법론 이전에 '진심'을 전제로 합니다.
> 기술이 필요한 이유는 이 진심이 왜곡되어 전달되는 것을 방지하는 데 있습니다.**

지못해 하는 척할 수도 있으며, 심지어 반발을 하거나 포기할 수도 있다."
참으로 명쾌하고 실제적으로 리더십을 풀이했다고 할 수 있겠습니다. 그렇다면 어떻게 해야 기분 좋게 부탁할 수 있을까요?

가장 쉽게 시작할 수 있는 것은 우리의 언어를 바꾸는 것입니다. 직접적인 명령 대신 질문 형식의 부탁을 하는 것입니다. '이것 좀 가져다주세요'는 비록 부드럽게 바꾸었다고는 해도 명령일 뿐입니다. '이게 좀 필요한데 도와줄 수 있나요?'는 위 명령문과 같은 결과를 바란다는 점에서는 같지만 명령이 아닌 부탁입니다. 이렇게 부탁을 통해 원하는 것을 표현한다면 상대방으로부터 보다 적극적인 협력을 얻을 수 있을 것입니다.

물론 우리가 타인을 조작하려는 마음을 가진 채 섣불리 언어만 부탁 형식으로 바꾼다고 사람들이 나에게 협력하는 것은 아닙니다. 사람은 느낌으로라도 의도를 알게 마련입니다. 특히 부정적인 의도는 더 쉽게 전달됩니다. **사랑은 백 마디 말로도 전하기 어려운 반면 미움은 한 번의 눈총으로도 얼마나 쉽게 전달되던가요? 그래서 인간관계에는 노력이 필요한 것입니다.** 관계의 모든 기술은 방법론 이전에 '진심'을 전제로 합니다. 기술이 필요한 이유는 이 진심이 왜곡되어 전달되는 것을 방지하는 데 있습니다.

좋은 리더가 되기를 원한다면 명령하기 전에 한 번 더 생각하는 습관을 가질 필요가 있습니다. 내가 명령을 하고 있는가, 아니면 요청을 통해 부탁을 하고 있는가 하고 생각해보아야 합니다. 이것이 너무 번거롭고 힘든 일이라고요? 그러나 그것이 더 빠르고 좋은 방법이라면 그 수고를 감당할 가치가 있지 않을까요?

리더십은 기분 나쁘지 않게 부탁하는 능력입니다

명령하고 지시하는 것은 쉽고 빠른 방법입니다. 하지만 효과는 거의 없습니다.
명령하고 지시하고 싶을 때, 다음의 말을 어떻게 바꾸어 쓸 수 있을까요?
명령어를 바꾸는 간단한 방법은 청유형 질문과 감사형 질문으로 바꾸는 것입니다.
'그 서류 좀 가져다주세요'는 명령형입니다. 청유형은 부탁의 의미를 담은 질문으로
바꾸는 것입니다. '그 서류 좀 가져다주실 수 있나요?' 감사형 질문은
'그 서류 좀 가져다주시면 감사하겠습니다. 괜찮으세요?'로 바꾸어 표현하는 것이지요.
표현 방법의 전환만으로도 당신은 리더의 언어를 사용할 수 있습니다.

내가 하고 싶은 말	청유형 질문	감사형 질문
예시) 이제 TV 그만 보고 여기 책상 정리하는 것 좀 도와줘요	책상 정리하는 데 당신 도움이 좀 필요한데 지금 도와줄 수 있나요?	책상 정리하는 것 잠시만 도와주면 고마울 것 같은데 괜찮으세요?

내가 하고 싶은 말	청유형 질문	감사형 질문

Sunday	Monday	Tuesday
....	....	....
....	....	....
....	....	....
....	....	....
....	....	....

월

✎
**살아가면서 내가 부탁을
가장 많이 하는 사람들**

-
-
-
-
-
-

Wednesday	Thursday	Friday	Saturday

각 구성원들이 그들에게 요구되는 활동을 제대로 수행하지 못할 때가 있다.
이때가 바로 리더로서 여러분이 영향력을 발휘해야 할 순간이다.
어쩌면 여러분이 생각하는 일들을 팀원들에게 시킬 수 있는 권한이 없을 수도 있다.
그렇다고 포기할 것인가? 우리는 누군가에게 무엇을 강요할 권한이 없더라도
적어도 일정 부분의 영향력을 발휘할 수 있다.

신뢰
그들이 할 수 있고 해야 하는 이유도 알고 있다고 믿어라.
이것을 믿지 않는다면 동기부여할 필요가 없다. 어차피 그들은 해내지 못할 테니까 말이다.

관찰
사람들이 어떤 영감을 받고 있는지 잘 관찰해보라. 직원들이 조직의 미션이나 비전과의
연관성을 인식하지도 못한 채 그저 바쁘게만 일하고 있지는 않은가?

인정
장점을 발견하라. 그리고 구체적인 예를 들어 그 사람이 가진 장점이 성과에
어떻게 기여할 수 있는지 알려주어야 한다. 진심 어린 인정의 말은 영감을 주고 이것은
사람들로 하여금 비전을 달성하려는 열망을 가지게 만든다.*

* '데일 카네기 트레이닝 Weekly Tip' 중에서

바다와 강이 수백 개의 산골짜기 물줄기에 복종하는 이유는 그것들이 항상 낮은 곳에 있기 때문이다. 따라서 다른 사람들보다 높은 곳에 있기 바란다면 그들보다 아래에 있고, 그들보다 앞서기 바란다면, 그들 뒤에 위치하라. 이와 같이 하여 사람들 뒤에 있을지라도 그의 무게를 느끼지 않게 하며 그들보다 앞에 있을지라도 그들의 마음을 상하게 하지 않는다.

노자

남을 따르는 법을 알지 못하는 사람은 좋은 지도자가 될 수 없다.
아리스토텔레스

대숲을 흔들며 불어온 바람은 지나간 뒤에 소리를 남기지 않는다.
찬 연못 위를 날아가는 기러기는 사라진 뒤 연못에 그림자를 남기지 않는다.
이처럼 군자는 일이 일어나면 비로소 마음을 움직여 대응하되
일이 끝나면 마음을 비운다.

〈채근담〉

좋은 경영자란 자신의 경력을 이것저것 걱정하는 사람이 아니다.
오히려 부하의 경력을 신경 쓰는 사람이다.
번스

리더가 제일 처음 할 일은 현실을 파악하여 정의하는 것이다.
마지막으로 할 일은 고맙다는 말을 하는 것이다.
그 중간에 리더가 할 일은 하인으로 봉사하는 것이다.

맥스 디프리

11

열한째 달

하버드 비즈니스스쿨의 조언

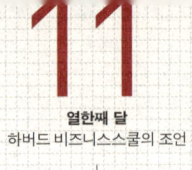

열한째 달
하버드 비즈니스스쿨의 조언

타인의 시각으로 나를 바라보는 지혜

《카네기 인간관계론》에는 하버드 비즈니스스쿨의 조언이 실려 있습니다.
"면담할 때 내가 어떤 말을 할 것인지, 또 그에 대해 상대방이 어떤 관심이나 동기를 갖고 어떻게 대답할 것인지를 생각하지 않는다면, 차라리 사무실 밖에서 두 시간 동안 서성대는 것이 더 낫다고 생각한다."

카네기는 이것을 어찌나 중요하게 생각했던지 같은 말을 두 번 반복해서 기록해두었습니다.

이 말의 뜻은 내가 하는 말에 대해 상대방이 어떤 관심이나 동기를 가지고 반응할지를 생각해야 한다는 것입니다. 즉 타인의 시각으로 나를 바라보는 것의 중요성을 강조한 것입니다. 이것을 생각하지 않는다면 차라리 만나서 대화하지 않는 것이 더 낫다는 이야기이지요.

대부분의 사람들은 자신의 관점으로만 사물을 바라봅니다. 상대방의 관점으로 바라보아야 한다는 것을 알고는 있지만 실천하기란 대단히 어렵습니다. 인간이 본성적으로 자기중심적인 존재이기 때문입니다. 특히 자기 자신의 모습을 객관적으로 인식하는 것은 매우 중요하고도 어려운 일입니다. 자신의 장점은 과대평가하고 약점은 과소평가하려는 성향의 사람들이 있습니다. 그래서 이들은 쉽게 자만하게 되고 또한 타인을 쉽게 무시합니다. 물론 반대의 경우도 있습니다. 자신의 장점을 과소평가하고 단점을 지나치게 크게 보는 경우이지요. 이 경우는 자신감이 없어 쉽게 위축됩니다. 적절한 균형이 필요합니다. 장점에 대해서는 건강한 자신감을, 단점에 대해서는 겸손한 인정이 필요합니다.

어느 쪽이든 자기 인식이 부족한 사람은 자신이 어떻게 타인에게 상처를 주는지 알지 못하기 때문에 인간관계에 많은 어려움을 겪게 됩니다. '나 사실은 뒤

끝 없는 사람이야' '나도 알고 보면 자상한 사람이야' 하고 자기변명을 늘어놓지만 그렇게 자신을 설명하려 할수록 더욱 외로워질 뿐입니다. 나는 도움을 주려고 한 말이지만 상대방에게는 그저 잔소리에 불과할 수 있습니다. 나는 칭찬이라고 했는데 상대방은 부담으로만 느낄 뿐입니다. 우리에게 필요한 것은 상대방의 시각으로 우리를 바라보는 지혜입니다.

흔히 '조하리의 창'으로 알려져 있는 자기진단 방식은 자신을 객관적으로 바라보는 데 도움을 줍니다. 심리학자인 조지프 루프트Joseph Luft와 해리 잉햄Harry Ingham은 우리의 모습을 네 영역으로 구분하였습니다. 첫째 우리도 알고 타인도 아는 우리의 모습입니다. 이것을 '열린open 영역'이라고 합니다. 둘째는 나는 알지만 상대방이 모르는 모습입니다. 이것은 '숨겨진hidden 영역'이라고 할 수 있습니다. 셋째는 나는 모르는 데 상대방만 아는 모습입니다. 이것은 '가려진blind 영역'입니다. 아마 관계에 있어 대부분의 문제는 이 영역이 클 경우에 발생할 것입니다. 마지막 영역은 나도 모르고 상대방도 모르는 '미지의unknown 영역'입니다. 인간은 누구나 무의식의 세계가 있기 때문에 이러한 부분이 존재합니다. 중요한 것은 열린 영역은 가급적 크게, 숨겨지거나 가려진 영역은 가급적 작게 만드는 것입니다. 그것이 소통입니다.

상대방의 관점으로 바라보라는 카네기의 조언은 타인의 시선에 연연하며 살라는 뜻이 아닙니다. 자기 확신과 자신감을 가지고 세상을 살아가라는 가르침에 있어서는 금세기에 카네기보다 더 강조한 사람이 없을 것입니다. 하지만 자기 확신이 상대방을 배려하지 않는 독선이 된다면 어떻게 되겠습니까? 이런 사람이 리더의 위치에 오른다면 문제는 훨씬 심각해질 것입니다. 내가 무슨 말을 어떻게 해야 할지, 그것에 대한 상대방의 반응이 어떠할지를 상대방의 관점으로 생각해보지 않는다면 차라리 그 면담을 하지 말라던 조언을 다시 한 번 떠올릴 필요가 있습니다.

자신의 목소리를 녹음해서 들어본 적이 있습니까? 처음 들어보는 사람은 굉장히 어색해합니다. 매일 말하면서 듣던 목소리인데도 이것을 객관화하는 순간 낯섦으로 다가오는 것입니다. 하지만 녹음된 목소리를 듣다 보면, 어떤 표현을 잘 못하는지, 말이 지나치게 빠른지 느린지, 어조는 어떤지 등을 파악할 수 있고 표현력을 바로잡는 데 큰 도움을 얻을 수 있습니다. 우리 자신의 모든 행동과 표현이 마찬가지입니다. 타인의 관점으로 자신을 인식하는 것은 우호적인 관계 형성을 위해 반드시 필요한 단계입니다.

상대방의 관점으로 나를 바라보기

내가 아는 나의 모습과 상대방이 바라보는 나의 모습 사이에는 많은 차이가 있습니다.
가까운 사람에게 자신에 대한 평가를 부탁해봅니다. 내가 바라보는 모습과 차이가 있다면
그것이 내가 미처 깨닫지 못했거나 혹은 충분히 표현하지 못한 부분입니다.
아래의 간단한 테스트는 상대방의 시각을 통해 보다 우리를 객관적으로 바라보게 합니다.

1. 아래의 단어 중 자신을 잘 설명하는 단어를 10개 선택합니다.

능력 있는	관대한	융통성 있는	대담한	용감한
온화한	배려심 많은	기분 좋은	영리한	복잡한
자신감 있는	믿음이 가는	위엄 있는	원기 왕성한	외향적인
우호적인	양보심 있는	기쁜	도움이 되는	이상주의적인
독립심이 강한	독창적인	지적인	내향적인	친절한
식견이 있는	논리적인	애정이 많은	성숙한	겸손한
소심한	주의 깊은	조직적인	끈기 있는	강력한
당당한	조용한	사려 깊은	느긋한	경건한
잘 반응하는	고지식한	스스로에게 엄격한	지각 있는	인간적인
다정다감한	수줍은	분별없는	자발적인	인정 있는
긴장한	일관성 있는	따뜻한	현명한	재치 있는

✎ 당신이 선택한 단어 10가지는 무엇인가요?

2. 이제 다른 사람에게 같은 내용을 보여주고
당신을 잘 설명하는 단어 10가지를 선택해 달라고 합니다.

능력 있는	관대한	융통성 있는	대담한	용감한
온화한	배려심 많은	기분 좋은	영리한	복잡한
자신감 있는	믿음이 가는	위엄 있는	원기 왕성한	외향적인
우호적인	양보심 있는	기쁜	도움이 되는	이상주의적인
독립심이 강한	독창적인	지적인	내향적인	친절한
식견이 있는	논리적인	애정이 많은	성숙한	겸손한
소심한	주의 깊은	조직적인	끈기 있는	강력한
당당한	조용한	사려 깊은	느긋한	경건한
잘 반응하는	고지식한	스스로에게 엄격한	지각 있는	인간적인
다정다감한	수줍은	분별없는	자발적인	인정 있는
긴장한	일관성 있는	따뜻한	현명한	재치 있는

✎ 상대방과 내가 공통적으로 선택한 단어는?(그것들이 객관적인 당신의 모습입니다.)

✎ 자신은 선택했지만 상대방이 선택하지 않은 단어는?(좀 더 표현이 필요한 모습입니다.)

✎ 상대방은 선택했지만 자신이 선택하지 않은 단어는? (나만 모르는 나의 모습은 나를 개선하고 발전할 수 있는 계기가 됩니다.)

_____월_____

✎

**나에 대해 객관적인
이야기를 해줄 수 있는
사람들**

-
-
-
-
-
-

Sunday	Monday	Tuesday

Wednesday	Thursday	Friday	Saturday

함께 일하면 분명 효율성이 좋아지지만,
혹 갈등이 생기게 되면 오히려 성과에 부정적인 영향을 끼칠 수 있다.
이러한 경우에는 최대한 감정을 조절하면서 서로의 입장을 배려해야 한다.
조절력 유지를 위한 몇 가지 방안은 다음과 같다.

1. 멈추고 맘을 가라앉힐 시간을 갖는다

쌍방간이 모두 흥분한 상태에서는 사안에 대해 이야기할 수 있는
적정한 타이밍을 찾기가 쉽지 않다. 약간의 시간을 주고 일단 흥분된 마음을 가라앉힌다.
서로가 마음의 평정을 찾고 난 뒤에 다시 만난다.

2. 모두에게 의견을 말할 기회를 주고 서로 경청하도록 한다

누구도 사안에서 회피하는 사람이 있어서는 안 된다. 모두가 의견을 말하고 진심과
열린 마음으로 각자의 의견을 이야기하도록 한다.

3. 서로의 요구사항이 무엇인지 파악한다

이 과정에서는 해결책보다 불만을 이야기하는 경우가 더 많을 수 있다.
하지만 섣부른 해결책보다는 서로의 입장에 대한 충분한 이해가 먼저다.
인내심을 가지고 그 상황에서 각자의 요구사항이 무엇인지 파악해보자.

4. 해결책을 위한 브레인스토밍

누구나 이상적인 성과달성을 위한 자신만의 안을 가지고 있다.
이때 해결해야 할 사항은 단순히 갈등을 봉합하려는 태도를 넘어서 모두의 입장을 고려한
창의적인 사고를 통한 해결책을 찾는 것이다.

5. 모두가 윈윈할 수 있는 아이디어를 선택한다

부정적인 감정의 흐름을 멈출 수 있는 한 가지 방법은
서로가 공정함을 느낄 수 있는 해결책을 강구하는 것이다.

6. 계획을 세우고 실행한다

갈등이 다시 발생하지 않는다는 확신을 갖기 위해서는 미래의 청사진을 만들어야 한다.
감정적 갈등을 최소화하면서 함께 일할 수 있는 방법을 고안하라.*

* '데일 카네기 트레이닝 Weekly Tip' 중에서

남을 아는 사람은 지혜롭고, 스스로를 아는 사람은 밝다.
남을 이기는 사람은 힘이 있고, 스스로를 이기는 사람은 강하다.
노자

상대방을 이해하라는 것은 무조건 그쪽 의견에 동의하거나 당신이 틀리고 그 사람이 옳다고
말하라는 게 아니다. 그 사람의 말과 행동을 인격적으로 존중해주라는 뜻이다.
상대방의 입장, 그 사람이 옳다고 믿고 있는 사실을 충분히 그럴 수 있다고
귀 기울이고 받아들이라는 것이다.

조녀선 로빈슨

자신의 의견을 위해서 싸워라.
그러나 자신의 의견이 모두 진리이거나 오직 하나뿐인 진리라고는 믿지 말라.
찰스 데인

겸손은 미덕 중에서 가장 터득하기 힘든 덕목이다.
자기 자신을 높이려는 욕망을 낮추는 것보다 더 힘든 것은 없다.
T. S. 엘리엇

발끝으로 서 있는 자가 오래 서 있을 수 없듯이
자기 자신을 뽐내는 자는 그 이상으로 자신을 높일 수 없다.
노자

12

열두째 달

나를 명예롭게 만드는 방법

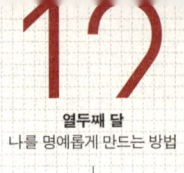

열두째 달
나를 명예롭게 만드는 방법

나를 만들어준 모든 것들에게 감사를!

지금으로부터 100여 년 전, 1912년 뉴욕YMCA 회관에서 시작한 데일 카네기의 강연은 오늘날 '데일 카네기 코스'라는 이름으로 전 세계 90여 개국에서 800만 명 이상의 수료생을 배출하고 있습니다. 수많은 사람들이 삶의 변화를 경험하는 이 훈련의 매주 수업은 항상 '굿뉴스'를 나누는 것으로 시작합니다. 굿뉴스 나누기란 한 주간 동안 나에게 있었던 감사한 일을 하나씩 이야기하는 것입니다. 코스에 참가한 사람들은 이 시간에 회사에서 승진한 것, 아이를 가지게 된 것, 새로운 사람을 만난 것 등 다양한 굿뉴스를 나누게 됩니다. 처음에는 참가자들이 굿뉴스로 무엇을 이야기해야 할지 고민을 많이 합니다. 하지만 매주 굿뉴스를 나누면서 익숙해지다 보면 나중에는 어렵지 않게 하나씩 감사한 일을 이야기할 수 있게 됩니다. 물론 때로는 딱히 굿뉴스라고 할 만한 일이 없을 때도 있습니다. 그러나 이 연습을 반복하는 동안 나에게 일상적으로 일어나는 일들의 가치를 재발견하고 긍정적으로 바라보는 시각을 형성하게 됩니다. 그러면 그냥 지나칠 수 있는 것도 감사한 일로 해석하게 되는 능력이 생깁니다. 다시 말하면 긍정적인 관점을 가지게 되는 것이지요.

우리는 마음만 먹으면 오늘 하루 동안 일어난 모든 일에 감사를 표할 수 있습니다. 물론 반대로 하루 동안 일어난 모든 일을 불평으로 표현할 수도 있습니다. 그것은 결국 자신이 선택하는 것입니다. '인생사 새옹지마'라고 하지 않던가요? 감사는 철저하게 주관적입니다.

어리석은 사람은 자신이 모든 것을 이루었다고 생각합니다. 하지만 지혜로운 사람은 다른 사람의 크고 작은 도움이 있었기에 지금의 자신이 존재할 수 있다는 것을 알고 있습니다. 어리석은 사람은 자신이 무언가를 잘했기 때문에 성공했다고 말합니다. 반면 지혜로운 사람은 그저 자신은 운이

좋았을 뿐이라고 이야기합니다. 그래서 감사할 수 있습니다. 그래서 나눌 수 있습니다.

만약 우리가 무언가 성취한 것이 있다면 그것은 반드시 다른 사람이 먼저 이루어놓은 것이 있었기에 가능했다는 것을 알아야 합니다. 그것이 겸손입니다. 음식점을 개업해서 장사가 잘된다면 물론 맛있는 음식을 개발하고 홍보를 잘한 덕이 있을 것입니다. 하지만 좋은 식재료를 생산하는 사람들이 없다면 어떻게 될까요? 그들은 가게 주인이 만들어낸 것이 아닙니다. 원래부터 그 자리에 있던 이들입니다. 우리는 누군가의 알 수 없는 기여의 상호작용들로 만들어진 거인의 어깨 위에서만 비로소 무엇인가를 시작할 수 있습니다.

성공하는 사업가는 직원 한 사람 한 사람에게 진심으로 감사를 표해야 합니다. 유능한 세일즈맨은 좋은 제품을 생산해준 사람들에게, 그리고 그것을 구매해준 고객 한 사람 한 사람에게 감사를 표할 수 있습니다. 유명한 가수는 이미 구축된 음반시장과 방송시스템, 그리고 청취자들이 존재했다는 것을 알아야 합니다. 운동경기에 우승한 선수는 해당 스포츠산업과 경기에 열광하는 관중들 자체는 자신이 창조해낸 것이 아님을 인정해야 합니다. 감사는 그것으로부터 출발합니다.

한 해를 마무리하는 시점이 되면 빠뜨리지 말아야 할 것이 있습니다. 바로 지금의 내가 딛고 서 있는 거인의 어깨를 만들어준 그 모든 사람들에게 감사를 표하는 것입니다. 사실 셀 수 없는 사람들이 있기에, 그리고 그 사람들을 내가 다 알 수도 없기에 모든 이에게 감사를 다 표현할 수는 없습니다. 하지만 전화로, 문자메시지로, 편지로, 이메일로, 그 모든 수단을 동원해서 내가 할 수 있는 최대한의 감사를 표현할 수는 있습니다. 이것이 습관이 된다면 다음 해에는 더 많은 감사한 일이 있을 것입니다. 결국 더 감사하는 만큼 더 행복해집니다.

물론 지금의 내 모습과 처지가 마음에 들지 않을 수도 있습니다. 그러나 만약 우리가 좀 더 명예롭고 영향력 있는 삶을 살기를 원한다면 다른 사람들을 그렇게 만들어주는 것만큼 좋은 방법은 없습니다. 다른 사람들에게 감사의 훈장을 나누어주시기 바랍니다. 조용히 시간을 내어봅시다. 내가 감사해야 할 이유가 있는 사람들의 이름을 적어봅시다. 그리고 내가 할 수 있는 방법을 통해 그들에게 감사를 표현해보는 것입니다. 겸손한 마음으로 내가 표현한 감사는 나에게 값진 명예가 되어 돌아올 것입니다.

감사로 한 해를 마무리하는 즐거움
☺

✎ 올해 나에게 가장 감사한 일 10가지

한 해를 돌아볼 때 꼭 감사를 표현해야 할 사람 10명

월

✎
**평생 감사를
잊어선 안 되는 사람들**

-
-
-
-
-
-

Sunday	Monday	Tuesday

Wednesday	Thursday	Friday	Saturday

카네기는 인간의 대표적인 욕구 몇 가지를 소개하고 있습니다.

        건강과 장수
        음식
        수면
        돈과 돈으로 살 수 있는 것
        내세의 생명
        성적인 만족
        자녀들의 행복
        중요한 사람이 되려는 욕망

인간의 표면적인 욕구는 음식을 먹거나 수면을 취하는 방식으로 대개 충족될 수 있습니다. 하지만 내면의 욕구일수록 끊임없는 갈증을 느끼게 됩니다. 그중 대표적인 것은 바로 '자신이 중요한 사람이라는 느낌'을 가지고 싶어 하는 욕구입니다. 우리는 누구나 삶의 의미를 찾고 싶어 합니다. 그리고 그 의미를 남기고 싶어 합니다. 그 욕구는 때로 변질되어 권력의 남용과 지나친 타인의존 현상으로 나타나기도 하지만, 한편으로는 인류 문명을 발전시키는 원동력이 되기도 합니다.
    그렇기에 우리는 이 욕구를 잘 다루어야 합니다.
'중요한 사람이라는 느낌'의 욕구를 긍정적으로 다룰 수 있는 출발점이 바로 '감사'입니다. 현재에 감사하는 것, 나아가 그 감사를 타인에게 표현하는 것입니다. 그러면 상대방은 중요하다는 느낌을 받을 것입니다. 그 인정의 힘이 큰일을 이루는 원동력이 될 수 있습니다. 인간이 위대함으로 나아가는 길에 있어 첫 번째 중요한 이정표에는 아마도 '감사'라는 두 글자가 크게 새겨져 있을 것입니다.

사람을 찬미할 수 있는 사람이야말로 참으로 명예로운 사람이다.

⟨탈무드⟩

> 감사는 위대한 교양의 결실이다.
> 야비한 사람에게서는 그것을 결코 발견할 수 없으리라.
> **새뮤얼 존슨**

찬사에는 밑천이 들지 않는다.
그러나 대다수의 사람들은 찬사에 큰돈을 지불한다.
토머스 풀러

감사는 예의의 가장 아름다운 형태이다.

자크 마리탱

고맙다는 인사는 빨리 할수록 좋다.
그리스 속담

인간관계 증진 서약서

✎ 오늘 날짜

✎ 목표 날짜

✎ 인간관계를 증진시키고 싶은 사람

✎ 실천 계획

✎ 실천 결과(목표)

✎ 펩톡(Pep Talk)

이름 _____ 서명 _____

목표를 공약하고 도와줄 사람 이름 _____ 서명 _____

> "People support a world they helped create."
> ─데일 카네기(Dale Carnegie)

오늘날 우리는 고객만족도 향상, 시장점유율 및 기업가치 증대의 핵심에 '사람'이 있음을 알고 있습니다. 기업은 최상의 성과를 위해 직원들을 어떻게 준비시켜야 하며, 개인은 어떻게 준비해야 할까요? 새로이 개정된 '데일 카네기 코스'가 그 해답을 제시할 것입니다.

혁신적인 데일 카네기 코스는 팀이나 그룹간 활동을 통해 현재 거친 비즈니스 환경에서 요구되는 능력들을 함양할 수 있도록 도움을 줄 것입니다. 또한 각자 개인의 열정적인 목표를 달성할 수 있도록 현재의 안전지대를 뛰어넘을 수 있는 힘을 선사할 것입니다.

참가자들은 현재 비즈니스 환경에 필요한 역량들을 익히게 됩니다. 자신감을 가지고 인간관계 및 스트레스 관리 스킬을 강화하고, 급변하는 업무환경에 적응할 수 있는 스킬을 배우게 됩니다. 이를 통해 참가자들은 설득력을 갖춘 커뮤니케이터가 되고, 창의적인 문제해결 전문가가 되고, 신뢰할 수 있는 열정적인 리더가 됩니다.

데일 카네기 코스 기대이익

- 새로운 미래에 대응하고 변화를 이끌어갈 자신감 개발
- 타인의 신뢰를 얻는 인간관계 능력 향상
- 변화를 주도하는 효과적인 의사소통 능력 증진
- 최선의 성과를 이끌어내는 리더십 능력 개발
- 변화에 유연하게 대처하는 스트레스 관리 능력 증진

참가대상	성과 향상과 리더십 역량 증진을 원하는 모든 성인
프로그램 기간	매주 18:30~22:00 (3시간 30분, 8+1주간)
데일 카네기 코스의 차별성	- 1912년 데일 카네기의 첫 강연 이래 100여 년간 전 세계 90여 개국에서 성과가 증명되어온 코스! - 워런 버핏, 리 아이아코카, 샘 월튼, 지그 지글러 등의 인생에 전환점이 되었던 코스! - 마이크로소프트, 월마트 등 포춘 500대 기업 중 420여 개 기업에서 채택된 코스! - 삼성, 현대자동차, SK텔레콤, 포스코, HP, 듀폰 등 1,000여 개 기업에서 성과가 증명된 코스!

데일 카네기 코스 프로그램 안내

주	주제	목표
1	· 성공의 기초 · 이름 기억법	· 계층별·업종별 전문가들과 유대관계를 형성하고 혁신적인 목표를 설정한다. · 이름 기억력을 증진하는 검증된 프로세스를 활용한다.
2	· 인간관계 증진 · 자신감 증진	· 인간관계를 증진시키는 검증된 프로세스를 학습한다.
3	· 걱정 및 스트레스 극복 · 인간관계 증진과 동기부여	· 스트레스에 조종당하기 전에 스트레스를 조절한다. · 설득력 있는 커뮤니케이션 스킬을 학습하고 사람들이 행동하도록 동기부여한다.
4	· 명확한 의사전달 · 새로운 자아발견	· 논리성, 명확성, 정확성을 갖춘 커뮤니케이션 능력을 함양한다. · 성취경험 공유를 통해 자신의 새로운 가능성을 재조명한다.
5	· 건설적인 의견 제시 · 열렬한 협력 창출 및 리더십 개발	· 동의하지 않을 때도 자신의 의견을 효과적으로 전달하는 법을 익힌다. · 인간관계 원칙 적용을 통해 윈-윈(win-win) 관계를 형성한다.
6	· 스트레스 관리 · 유연성 개발	· 걱정과 스트레스 극복 능력을 증대시킨다. · 유연성 개발을 통해 원활한 관계형성과 긍정적인 변화를 유도한다.
7	· 칭찬을 통한 동기부여 · 타인 감동 리더십	· 직원들의 성과 향상을 위해 강점 중심의 긍정적인 피드백을 제공한다. · 타인의 행동 변화를 위해 감동시키는 리더십을 발휘한다.
8	· 리더십 개발 · 혁신적인 성과 및 비전 재설정	· 타인의 태도 및 행동에 긍정적인 영향을 미친다. · 혁신적인 성과에 대해 정의해보고 지속적인 개선을 위해 공약한다.

프로그램 문의 | 데일카네기코리아 서울시 강남구 역삼로17길 47(역삼동 739-17) 카네기빌딩
문의: 02) 556-0113 | kr.dalecarnegie.com

지은이
데일카네기코리아

1912년 자기계발에 대한 한 사람의 신념으로부터 시작된 '데일 카네기 트레이닝'은 현재 전 세계 90여 개국에 지사를 둔 글로벌 교육훈련 기관으로 성장하였다. 인간관계, 커뮤니케이션, 리더십, 세일즈, 프레젠테이션 등 개인의 역량계발 훈련뿐만 아니라 조직의 비즈니스 성과 증진을 위한 통합적인 솔루션을 제공하고 있으며, 〈포춘Fortune〉지 선정 500대 기업 중 420개 이상의 기업과 파트너십을 맺고 있다. 대표 프로그램인 '데일 카네기 코스'는 워런 버핏, 지그 지글러, 샘 월튼, 리 아이아코카 등의 유명 수료생을 배출하였다. 한국 지사인 데일카네기코리아는 국내 유수의 기업 및 기관과 파트너십을 맺고 개인과 조직의 성장과 발전을 돕고 있다.

Like Carnegie Diary Book
ⓒ 데일카네기코리아, 2015

1판 1쇄 2015년 11월 20일
1판 2쇄 2015년 12월 8일

지은이 데일카네기코리아
펴낸이 염현숙
편집인 김성수

기획·책임편집 김성수 **디자인** 이보람
마케팅 방미연 이지현 함유지 **홍보** 김희숙 김상만 한수진 이천희
제작 강신은 김동욱 임현식

펴낸곳 (주)문학동네
출판등록 1993년 10월 22일 제406-2003-000045호
임프린트 아템포

주소 10881 경기도 파주시 회동길 210
문의전화 031-955-1930(편집) 031-955-2655(마케팅) **팩스** 031-955-8855
전자우편 kss7507@munhak.com

ISBN 978-89-546-3837-1 13320

- 아템포는 문학동네 출판그룹의 임프린트입니다. 이 책의 판권은 지은이와 아템포에 있습니다.
- 이 책 내용의 전부 또는 일부를 재사용하려면 반드시 양측의 서면동의를 받아야 합니다.

이 도서의 국립중앙도서관 출판예정도서목록(CIP)은 서지정보유통지원시스템 홈페이지(http://seoji.nl.go.kr)와 국가자료공동목록시스템(http://www.nl.go.kr/kolisnet)에서 이용하실 수 있습니다.(CIP제어번호: CIP2015029456)